마야 원주민의 전쟁과 평화

유까딴 1847~1902

"이 저서는 2008년 정부(교육과학기술부)의 재원으로 한국연구재단의 지원을 받아 수행된 연구임"(NRF−2008−362−A00003)

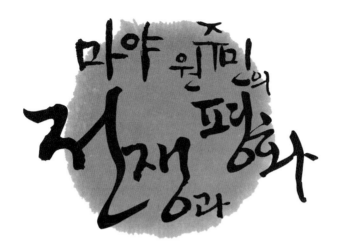

# 마야 원주민의 전쟁과 평화

유까딴 1847~1902

**정혜주** 지음

이담
*Books*

# ▌책머리에

지금의 유까딴 반도는 아주 매력이 있는 곳이다. 우선 녹색을 띠는 파란 바닷물이 조용히 흔들리는 카리브 해를 끼고 깐꾼, 뚤룸으로 이어지는 휴양지가 방문객을 매혹한다. 그리고 버스를 타고 두 시간만 가면 끝없이 펼쳐지는 녹음 속에 우뚝 솟아 있는, 하얀 돌로 된 피라미드가 호기심을 자극한다. 거기서 또 두 시간을 더 가면 열대의 화려한 색깔의 꽃들이 가득 피어 있는 광장에 뾰족한 지붕을 지닌 성당이 우뚝 서 있는 아름다운 도시를 만난다. 이렇듯 아름다운 자연과 따뜻한 날씨로 세계적인 휴양지인 동시에 화려했던 마야 문명의 유적과 열대의 색깔을 띤 중세 유럽의 도시의 낭만이 어우러져 있는 곳이 유까딴 반도이다.

저자가 유까딴 반도를 찾은 것은 1989년에 치첸 이쯔아의 발굴에 참여하기 위해서였다. 치첸 이쯔아는 마야 문명의 마지막 시기에 가장 번성했던 도시였다. 유까딴 반도에 온 관광객들이 가장 많이 방문하는 유적지이지만, 아직도 치첸 이쯔아 도시의 경계가 확인되지 않을 정도로 큰 곳이다. 발굴단은 치첸 이쯔아 유적지 안에 발굴기지를 차렸다. 일꾼들을 주위의 마을에서 불러 모았다. 그들은 대체로 키가 작고, 갈색 피부에, 큰 눈을 갖고 있었다. 새벽 5시면 자전거를 타거나 걸어와서 발굴기지의 창밖에서 마야어로 재잘대는 그들의 목소리에 깨어나 하루를 시작했다. 그들은 햇볕이 쨍쨍 내리쬐는 유적지에서 이야기를 나누고 웃으며 돌과 흙을 날랐다. 나는 그들 사이를 오락가락하며 높이 솟은 피라미드와 현란한 돌을새김에만 매혹되어 있었다. 그들이 마야어로 하는 이야기나 그들의 생활에 대해서는 크게 관심을 두지 않았다.

치첸 이쯔아에서 가장 가까이 있는 큰 도시는 바야돌리드이다. 우리들, 고고학도들은 일주일에 한두 번씩 바야돌리드로 가서 발굴하는 동안 먹을 것과 다른 생활용품을 사곤 하였다. 바야돌리드는 메리다와 같은 스페인 도시이면서 강렬한 열대의 색깔을 띠고 있는 전형적인 라틴아메리카의 중세도시이다. 장을 보고 맛있게 점심도 먹은 우리들은 스페인식 도시의 중심에 꼭 있는 광장의 한편의 박물관에 무심코 들어갔다. 입구의 정면에 걸려 있는 커다란 그림이 눈에 들어왔다. 나지막한 돌담 뒤로 하얀 옷을 입은 마야 사람들과 제복을 입은 사람들이 총과 칼을 들고 싸우고 있었다. 마을의 집들은 불에 타서 연기가 치솟고 곳곳에 이미 쓰러져 있는 사람들, 격렬한 전투의 모습이었다. 나지막한 돌담은 이미 익숙한 모습이었다. 유적의 주위에 사는 사람들은 돌담으로 집을 둘러싸고 있었다. 하얀 옷을 입은 사람들도 이미 친숙해 보였다. 아침마다 재잘거리며 일하러 오는 사람들이 아닌가. 분명히 마야 문명 시절의 전투는 아닌데……. 유까딴의 동료들이 대충 설명을 해 주어도 복잡하게만 느껴졌다.

처음 치첸 이쯔아의 발굴에 참여한 이래 2008년까지 거의 매년을 치첸 이쯔아와 바야돌리드를 방문했으나 그림에 대해서 알아볼 시간은 없었다. 그런데 그림을 볼 때마다 해야 할 숙제를 안 한 것 같았다. 그들은 내가 발굴하고 있는 유적을 만든 사람들의 후예이며, 오늘날 유적을 발굴하러 오는 사람들의 선조가 아닌가. 그들이 자신들의 마을에서 누구와, 왜 싸우고 있는 것일까? 고대 마야 문명에만 관심이 있던 나에게 이 그림은 언제나 현재의 마야 사람에게로도 한 번쯤은 눈길을 가게 하였다. 2009년에 비로소 그들에 대해 알아볼 수 있는 기회가 왔다. 나는 중남미지역원의 연구 과제로 이 주제를 선택했다. '유까딴의 까스따 전쟁', 50여 년이 계속된 전쟁이다. 일어난 사건도 많고, 등장인물도 많다. 처절한 전투이기도 하고 잔인한 살인이 벌어지기도 했다. 참 오랜 시간을 마야 사람들은 스스로 원하는 것이 무엇인지 찾아 헤맸다. 그들의 마음속 깊이 간직한 바람의 뒤를 좇아가며 마야 사람, 마야 문명이 무엇인지 알아보는 흥미로운 작업을 해 보자.

2011. 7. 7.

비오는 셀바를 기억하며,

정혜주

# ▌들어가며

　우리는 흔히 라틴아메리카를 생각할 때 브라질의 리오 축제, 아르헨티나의 탱고, 살사, 삼바 춤 또는 잉카의 마추피추(Machu Pichu), 떼오띠우아깐(Teotihuacan)이나 띠깔(Tikal)을 떠올린다. 또는 마약과 관계된 콜롬비아의 상황이나, 체 게바라(Che Guevarra)를 떠올리며 사회주의 혁명 또는 빤초 빌아(Pancho Villa)가 보여 주는 멕시코 모자와 뽄초(Poncho)를 입은 군인답지 않아 보이는 군인들을 떠올릴 수가 있다. 라틴아메리카를 이야기하며 현대식 멋진 빌딩과 컴퓨터와 여러 통신기기로 무장된 직장인을 떠올리기는 어려울 것이다. 물론 라틴아메리카에도 그렇게 세련된 도시인으로 살고 있는 사람이 많다. 그러나 바로 위에 있는 미국과 캐나다가 백인 위주의 현대적인 세계를 이루고 있는 데에 비하여 라틴아메리카는, 원주민이 거의 없는 아르헨티나나 베네수엘라, 파라구아이 등이 있음에도 불구하고, 어찌된 일인지 서구 열강이 갖고 있지 않은 문화의 면모를 특징으로 내세울 수 있는 것이다. 그것은 라틴아메리카에 원주민의 모습이 투영되어 있기 때문이다. 아마도 원주민이라는 단어만으로도 서구 문명에 비해 약간은 열등하고, 원시적인 것이 아닌가 하는 선입관을 가질 수도 있을 것이다.

　북아메리카 원주민의 문화는 이미 과거의 사실로 화석이 된 것 같다. 서구의 세계에 노출된 이후 식민지, 계급사회, 사회주의, 자본주의 등등의 세월을 지나며 그들의 신체적인 모습과 문화가 바뀌었다. 그럼에도 500년의 무차별적인 침입과 파괴를 이기고 남아서 계속되고 있는 끈질긴 무엇이 있는 것이다. 그것이 바로 라틴아메리카답게 만드는 매력적인 중요한 요소이다. 즉 서구 열강이 몰려오기 전에 이미 1,500여 년의 시간을 살았던 원주민의 세계를 이해하는 것이 바로 현재의 라틴아메리카를 이해하기 위한 출발점이 되어야 할 것이다.

유까딴(Yucatan) 반도는 멕시코 동부에 위치한다. 북서쪽으로는 미국 플로리다 반도와 멕시코 만을 사이에 두고 있고, 동쪽으로는 카리브 해와 만난다. 남쪽으로는 과테말라 및 벨리즈와 접경하고 있다. 현재는 유까딴 주, 낀따나로(Quintana Roo) 주, 깜뻬체(Campeche) 주로 이루어져 있다. 이 지역은 고대 마야 문명이 번성했던 곳으로 반도의 북부, 현재의 유가딴 주는 후기 마야 문명의 중심지였던 관계로, 1519년 스페인의 침략자들이 올 당시에도 수많은 마야 사람이 살고 있었다. 그러나 침략 당시에 제국을 이루고 있었던 아스떼까(Azteca)와는 달리 마야 문명은 쇠퇴기에 있었다. 그럼에도 불구하고 남쪽의 치아빠스에서 과테말라 북부로 이어지는 셀바의 빽빽한 열대우림 속의 마야 사람들의 저항은 거의 200년 동안 계속되었고, 유까딴 주에서도 1761년에 마지막 아하우(Ahau)[1]로 추앙된 하씬또 까넥(Jacinto Canek)이 무너질 때까지 크고 작은 저항은 계속되었다. 그러나 유까딴 북서부 지역에 살고 있던 마야 토착 귀족들의 협력을 얻어[2] 스페인

---

1) Ahau는 마야어로, '왕'을 말한다.

2) 우슈말(Uxmal) 일대에 살았던 시우(Xiu)는 스페인 당국에게 협력한 대표적인 마야가문이다.

사람들은 메리다(Merida)3)와 이사말(Izamal)4) 사이의 지역에서 비교적 손쉽게 지배체제를 세웠다. 그리고 300년 후, 멕시코 중앙고원을 중심으로 북부에서는 약 10여 년간의 치열한 독립전쟁 끝에 스페인으로부터 독립을 얻었으나 유까딴은 멕시코가 독립을 쟁취함에 따라 덤으로 독립을 이루었다.

2010년은 멕시코가 스페인의 식민지배에 대해 독립선언을 시작한 지 200년이 되는 해이다. 이를 기념하는 행사가 사회의 각 분야에서 이루어졌다. 마야 문명과 마야 사람들에 대한 연구를 발표하는 국제마야학회도 '독립과 전쟁'을 주제로 잡았다. 학회는 표지 그림으로 <까스따 전쟁(La Guerra de Castas)>을 선택했다.

유까딴의 까스따 전쟁은 1847년에 발발하여 1901년까지, 약 54년간 계속되었다. 약 7년간의 폭력적인 전쟁 기간(1847~1854)과 마야 사람들이 반도의 북동쪽의 밀림으로 물러나서 이 지역에서 47년 동안 살았던 기간(1854~1901)을 말한다. 47년간 소규모의 전쟁을 계속하며 유까딴 또는 멕시코 정부의 지배를 받지 않고 살았다. 까스따(Casta)는 계급을 의미한다. 전쟁의 이름에서 미루어 짐작할 수 있는 것처럼 피지배와 지배, 원주민과 백인의 사회계급적이고 인종대립적인 전쟁이었다. 당시 유까딴에는 라디노(ladino)라고 부르는 스페인의 후예인 끄리오요(Criollo)와 스페인과 마야

---

3) 유까딴 주의 수도, 유까딴 반도의 서북부에 위치한다.
4) 유까딴 주의 도시로, 식민 시절에 추기경이 거주한 수도원이 있었던 유까딴 가톨릭의 중심지였다.

원주민의 혼혈인 메스띠소(Mestizo), 그리고 마야(Maya) 원주민이 있었다. 이 모든 사회계급의 사람들이 뒤엉켜 싸운 이 전쟁을 '마야의 사회전쟁 (Guerra Social Maya)'이라고도 부른다. 까스따 전쟁의 특별한 점은 무엇보다 멕시코 역사상 가장 처절한 유혈 전쟁이었다는 것과 54년간 지속된 오랜 반란 기간이다. 약 7년(1847~1854)간의 폭력적인 시기를 지나 1854년부터 1901년 사이, 47년간의 짧은 기간과 유까딴 반도 동남부의 제한된 지역이었지만, 아메리카 대륙에 유럽 사람들이 들어온 이후에 유일하게 '원주민의 나라'라고 부를 수 있는 도시가 세워졌다.

이 사건의 무대가 되었던 유까딴 주의 바야돌리드(Valladolid), 띠시민 (Tizimin), 떼삐츠(Tepich), 띠호수꼬(Tihosuco) 및 낀따나로 주의 찬 산따 끄루스⁵⁾(Chan Santa Cruz, 현재의 까릴요 뿌에르또)에 이르는 지역에는 아직도 싸움의 흔적이 생생히 남아 있다. 띠호수꼬와 떼삐츠의 주민들은 반란을 이끌었던 원주민 지도자들의 동상을 만들고, 전쟁 박물관을 세우고, 사건 과정을 재현하여 드라마로 공연하는 등, 해마다 7년의 전쟁을 기념하는 행사를 한다. 까릴요 뿌에르또(Carillo Puerto)에는 찬 산따 끄루스(Chan Santa Cruz)를 모시는 예배당이 그대로 있는데 주위의 마을에서 온 대표자들이 돌아가며 십자가를 지키고 있다. 마을의 주민들은 하나같이 전쟁을 이끈 지도자들이 불의와 가난의 비참한 상황에 빠진 마야 사람들을 위해

---

5) Chan은 마야어로, '작은'이라는 뜻이다. Santa Cruz는 스페인어로 '성스러운 십자가'라는 뜻.

싸웠다고 말한다. 이 때문에 까스따 전쟁이 마야 원주민들의 마음에 남았을까? 실제적으로 까스따 전쟁이 원주민들에게 남긴 것은 무엇일까?

이 책에서는 까스따 전쟁의 경과를 전체적으로 살펴보고 전쟁의 현재적 의미를 찾아보고자 한다.

유까딴의 까스따 전쟁(1847~1902): 유화, 지빌찰뚠 박물관 소재(Dzibilchaltun, Yucatan)

# ▌목 차

제1장
식민지 시대
마야 사회의 형편

## 1.1. 스페인 사람들의 도착

1502년 크리스토퍼 콜럼버스의 아들인 에르난도 콜럼버스에 의하면 그들은 1502년 유까딴의 해안에서 마야 상인들을 만났다고 한다. 이것이 마야 사람들이 최초로 유럽 사람들을 만난 것이다.

공식적으로는 수년 후이다. 노예와 황금을 찾고 있던 스페인의 탐사선이 1511년에 유까딴 반도의 동남쪽 해안에 좌초되었다. 17명이 표류하다 유까딴의 해변에 닿았으나 대부분 그 자리에서 또는 직후에 죽고 두 명이 살아남았는데, 헤로니모 데 아길라르(Gerónimo de Aguilar, 1489~1531)와 곤잘로 데 게레로(Gonzalo de Guerrero, 1536년에 죽음)가 그들이다. 공식적으로는 그들이 유까딴에 도착한 최초의 유럽 사람들이었다. 둘은 '희생의례'에서 죽음을 당하기 직전에 도망쳤다가 게레로는 다시 다른 마야의 추장에게 잡혀 살다가 마야 여자와 결혼하여 자녀를 두었다. 후일 스페인과 마야 사람들의 싸움에서 마야 사람들을 이끌었다. 게레로와 마야 여자와의 자손이 최초의 메스띠소[1]라고 할 수 있다.

아길라르는 탈출에 성공하여 1519년에 유까딴을 탐사하려는 에르난 꼬르떼스(Hernan Cortés, 1485~1547)와 합류하여 안내자 및 통역자로 일했다.

---

1) 스페인 사람과 원주민의 혼혈로 현재 라틴아메리카 인구의 대부분을 이룬다.

1517년에 꼬르도바(Francisco Heránbdez Córdova)가 이끄는 110명의 스페인 사람들이 쿠바(Cuba)를 출발했다. 그들은 유까딴 반도의 북동쪽 까보 까또체(Cabo Catoche)에 도착하여 호전적인 원주민과 만나서 싸웠다. 그리고 짧은 순간이지만 그들의 신전에 금붙이가 있는 것을 보았다. 해안을 돌아서 깜뻬체에 도착했는데, 두 번째의 전투를 피하려고 급히 가는 중에 놀랍게도 십자가의 형상을 보았는데, 등에는 우상이 매달려 있었다.

참뽀똔 강(Rio Champotón)에서 다시 싸웠다. 용감하게 싸웠으나 호전적인 원주민들에게 다시 패했다. 꼬르도바 대장과 반 이상의 승무원이 죽었고, 부상 때문에 도망할 수가 없었던 많은 사람들이 함께 죽기 위해 한 집으로 달려갔다. 이런 처참한 사건에도 불구하고 그들이 남긴 금에 대한 보고서는 스페인 사람들을 다시 원정대를 보내게 할 정도로 매력적이었다.

1518년, 그리할바(Juan de Grijalva)가 지휘한 함대는 꼬수멜(Cozumel) 섬에 도착하였고 해안을 돌아서 멕시코 만의 참뽀똔(Champotón)에 도착했다. 그리할바(Grijalva)와 240명의 부하들은 이 지역의 사람들도 꽤 호전적이라는 것을 발견했다. 그러나 이번에는 스페인 사람들이 승리했다. 그들은 따바스꼬(Tabasco)와 베라끄루스(Veracruz)를 향해 가며 유럽에서 가져온 물건과 유까딴의 금붙이와 바꾸었다. 그리고 앞으로 더 많은 것을 얻을 수 있다고 생각하였다.

그의 보고서에 고무되어 다음 해, 1519년, 꼬르떼스(Hernán Córtes)는 쿠바(Cuba)를 출발했다. 꼬수멜 섬에 정박지를 마련하고, 그곳에 있는 우상을 부수고 십자가를 세웠다. 그리고 1511년의 난파자들에게 편지를 보내었다. 그중의 한 명이 그들과 합류했다. 그가 바로 희생의례 직전에 탈출했던 아길라르(Jerónimo de Aguilar)였다. 그는 이미 습득한 마야어를 통역하고 꼬르떼스를 도와 유까딴의 정복을 위하여 앞으로 나갔다.

꼬르떼스는 그의 성공과 유까딴 정복의 가치를 스페인 왕에게 설명하기 위하여 프란시스코 데 몬떼호(Francisco de Montejo)를 스페인으로 돌려 보냈다. 그는 1526년까지 스페인에 머물러 있으면서 자신이 직접 유까딴을 정복하겠다고 왕과 여왕을 설득했다. 왕과 여왕은 그에게 아델란따도(Adelentado)2)라는 직함을 내렸다. 1527년, 몬떼호는 400명의 군인을 데리고 꼬수멜로 향했다. 그는 셀하(Xelha)에 도착하여 거주지를 세우고 살라만까 데 셀하(Salamanca de Xelha)라고 했다. 그리고 1528년에는 자연환경이 열악한 살라만까 데 셀하를 버리고 살라만까 데 사만하(Salamanca de Xamanha)를 다시 세웠다. 알론소 데 다빌라(Alonso de Davila)를 책임자로 남기고, 유까딴 내부로 열대우림이 우거진 셀바를 뚫고 서쪽으로 전진했다. 피비린내 나는 전쟁이 계속되었다. 차우아까(Chauaca)와 아께(Ake)에서는 저항하는 마야 사람들을 학살했다. 그는 난폭하고 잔인한 전투로 명성과 이후에는 그와 공범이 되는 마야 족장들의 항복을 받아 내었다.

1529년에서 1531년 사이 몬떼호와 그의 아들은 따바스꼬(Tabasco)와 아깔란 마야(Acalan Maya)를 식민지화했다. 그러나 그 지역에는 그들이 원하던 금이 없었다. 1531년, 몬떼호는 반도의 서쪽을 정복하기로 결심하고 근거지를 깜뻬체(Salamanca de Campeche)로 바꾸었다. 서쪽 해안에서의 원정은 깐델라리아 강(Río Candelaria) 가까이에 있는 라구나 데 떼르미노스(Laguna de Términos)에서 다리를 놓는 것부터 시작했다.

다른 한편, 그는 다빌라를 반도 동쪽의 체뚜말(Chetumal, Quintana Roo)로 보내었다. 체뚜말은 비어 있었다. 다빌라는 마야 사람들이 자신들에게 항복했다고 생각했다. 그러나 마야 사람들은 체뚜말을 에워싸고, 굶어 죽지 않으려면 도시를 떠나라고 스페인 사람들을 종용했다. 그사이에 서쪽의 깜뻬체와 아흐 까눌(Ah Canul)에서도 마야 사람들의 반란이 일어났다. 1531년 6월 11일, 마야 사람들은 스페인 침입자와의 전투에서 졌다.

1532년, 아들 몬떼호는 '왕의 도시 치첸 이쯔아(Ciudad real de Chcihén

---

2) adelantado. 식민지를 개척하기 위하여 스페인 왕이 직접 임명한 식민지의 최고 행정관.

Itzá)'를 세우고 스페인의 경제 조직인 엔꼬미엔다(Encomienda)³⁾를 시작했다. 여기에 대항하여 다시 마야 사람들이 들고 일어났다. 아들 몬떼호는 이들 마야 사람들을 쫓아내었다. 마침내 1533년, 깜뻬체(Campeche), 참뽀뚠(Champoton), 아흐-까눌(Ah-Canil), 마니(Mani), 아흐-낀-첼(Ah-Kin-Chel) 등 유까딴 반도의 서북부와 동부가 몬떼호의 지배 아래 있게 되었다. 그러나 그는 1534년에 철수할 수밖에 없었는데, 원정대의 대부분이 금을 찾아 페루로 떠났기 때문이었다. 몬떼호는 마야 사람들의 전투력을 낮게 평가하여 300명 미만의 군인으로 이길 수 있다고 생각했다. 그러나 그가 전투에서 패하는 일은 매우 흔했다. 그리고 스페인 사람들은 큰 도시의 족장과 마을을 이겼으므로 모두 정복했다고 생각하였으나 마야 사람들은 중앙정치권에 의지하여 사는 유형이 아니었다. 마야 사람들은 흩어져서 살며 서로의 관계를 연결하는 정치형태였으므로, 하나의 도시의 몰락이 곧 마야 전체의 몰락을 의미하지 않는다는 것을 간과했다.

1534년, 몬떼호와 그의 아들이 온두라스를 침입하러 간 사이에, 참뽀뚠에는 프란시스코파의 승려 하꼬보 데 떼스떼라(jacobo de Testera)가 도착하여 참뽀뚠의 마야 사람들을 평화롭게 복종시켰다. 그는 원주민들에게 스페인 군대가 접근하지 않을 것을 약속했다. 그러나 1537년, 돌아온 몬떼호는 로렌소 데 고도이(Lorenzo de Godoy) 대장을 보내어 참뽀뚠을 군사적으로 점령하고 세금을 바치도록 하려 했다. 고도이 대장과 몬떼호의 아들은 힘을 합쳐 싸웠으나 저항을 하는 참뽀뚠의 마야 사람들을 물리치지 못했다. 몬떼호의 아들은 마침내, 1540년에 마야의 귀족들을 미래에 받을 세금과 강제노역을 면제하는 것으로 마무리 지었다.

1540년, 늙은 몬떼호 대신에 그의 아들과 조카가 함께 지휘하고, 멕시코

---

3) Encomienda: 꼬르떼스가 중세 유럽의 제도를 라틴아메리카에 적용한 것으로, 라틴아메리카의 정복에 공이 있는 자들에게 일정 크기의 땅과 그 땅을 경작할 수 있는 원주민을 분배한 제도이다. 그러나 받은 땅과 일꾼이 정복자에게 소유권은 없고 다만 사용할 수 있는 권리만 있을 뿐이었다. 그러나 실제적으로 그 권리는 평생 동안 계속되었고, 자손들에게 물려주기까지 했다. 또한 이 제도는 스페인 왕정의 허가를 받은 것도 아메리카 원주민과 합의를 한 것도 아니었다.

의 동맹자들의 도움을 받아 깜뻬체를 세우고 마야의 부족장과 그들의 아들들이 충성을 다시 맹세하게 했다. 맹세하기를 거절한 부족장의 마을은 군대를 이끌고 공격했다. 1541년, 몬떼호의 아들은 북쪽으로 뻗어 마야의 옛 도시 띠호(Tiho)의 유적 위에 도시를 세웠다. 1542년 1월 6일, 현재 유까딴 주의 수도인 메리다(Merida)를 선포하였다. 그들은 계속적으로 마야 사람들의 작은 저항을 받아야 했지만, 1542년에서 1545년 사이에는, 내륙을 뺀, 반도의 동남쪽을 점령했다. 이 과정에서 빠체꼬(Alonso Pacheco)는 우아이밀(Uaymil)과 체뚜말(Chetumal)의 주민을 학살했다. 마야 사람들은 자신들의 마을을 버리고 남쪽의 셀바로 도망하여 일부는 뻬뗸―이쯔아(Peten Itza)까지 갔다. 그러나 게릴라전으로 나타나는 마야 원주민의 반란은 계속되었다. 반란의 지도자들은 잡혀 불태워졌지만, 끊이지 않는 반란은 동쪽 마야 원주민의 자주성과 호전성을 널리 알렸다. 그리하여 마야 부족장들의 권위를 실감한 몬떼호의 아들은 마야 특권층의 지위를 인정하고, 그들이 자신들의 부족들을 지휘하도록 했다.

1547년, 마침내 스페인의 점령은 영원하게 되었다. 메리다, 깜뻬체, 바야돌리드, 바깔라르(Salamanca de Bacalar), 모두 '빌야(Villa)'라는 이름으로 다시 세워졌다. 이 도시들은 식민지 시대와 20세기의 중심도시가 되었다. 정복자들은 남동쪽의 띠뿌(Tipu)까지 점령했으나 뻬뗸(Petén de Guatemala)의 주변부까지 널리 퍼져 사는 사람들까지 모두 정복할 수는 없었다. 스페인 사람들이 나타나기 전부터 뻬뗸으로 돌아가고 있던 이쯔아 부족은 뻬뗸의 따야살(Tayasal)에서 1967년까지 자주적으로 살았다.

(Dummond 2005: 23, 정영창 수정)

그림 1. 스페인 침략 당시의 유까딴과 그 주위의 나라들

(Dummond 2005: 36, 정영창 수정)

그림 2. 식민지 초기 시대의 유까딴 반도. 반도 북부의 중앙과 서쪽의 지역에만 도시들이 있다.
그 외의 지역은 셀바로 덮혀있고, 서남쪽에는 뿍(Puuc) 산지가 가로막는다.

## 1.2 식민시대의 시작

유까딴의 식민시대는 아스떼까보다 약 20년 늦게 시작했다. 마야 원주
민들의 저항이 컸기 때문이었다. 그들은 스페인 침략자들뿐만이 아니라,
그들에게 협조하는 멕시코의 아스떼까(Azteca) 사람들과 유까딴의 시우
(Xiu) 족과의 싸움을 했다. 결과적으로 1547년부터 원주민 지배층의 특권
을 인정하는 원주민 공화국과 라디노 행정부를 중심으로 식민지배체제를
이루어 갔다. 그리고 스페인으로부터 신부와 수사, 일반인들이 몰려왔다.
스페인 본국의 입장은 라틴아메리카를 '새로운 스페인'이라 부르며 본국
에서 지배하기를 원했다. 스페인 왕정질서는 식민지에서 정복자들이 지나
치게 권력을 장악하는 것을 달갑게 생각하지 않았다. 또 원주민들을 지나
치게 착취하여 노동력이 사라지는 것을 원치 않았다. 1542년에 바르셀로나
(Barcelona, España)에서 들어온 라스 까사스(Fray Bardolomé de Las Casas)
신부는 메리다(Merida, Yucatan)에서, 그리고 1543년 6월 4일에는 바야돌리
드(Valladolid, Yucatan)에서 마야 원주민을 노예화하는 것을 금했다. 따라
서 이론적으로 원주민은 '자유로운 신하(Vasallo libre)'였다. 펠리페 2세
(Felipe II)는 '인디아스 법(las Leyes de Indias)'을 발표하여 아메리카 원주
민의 하루 노동시간을 8시간으로 정했다. 누구도 '인디아스 법'을 무시할
수는 없었다. 그러나 스페인 본국은 멀었고 지배자들은 성자가 아니었다.
위의 모든 것에도 불구하고 식민지 시절 동안 원주민들은 엔꼬미엔다
(Encomienda)와 레빠르띠미엔또(Repartimiento)[4]를 통하여 착취당했다.

---

4) Repartimiento: 원주민들이 핍박받는 노동을 피하여 산으로 도망가서 반란을 일으키는 일이 잦아지자, 노동력을
확보하기 위한 방법으로 시작되었다. 노동은 전문성을 갖고 나뉜 것이 아니고 공공사역과 농산물의 생산, 그리
고 광산에서의 노동을 돌아가며 하는 것이다. 시간이 조금 지나자 노동자들은 계약을 맺고 보수를 받았다. 그러
나 보수는 극히 적어, 원주민들은 빚이 쌓이게 되었다. 그리하여 사용자와의 계약을 벗어나지 못하고 노예의 수
준으로 전락했다.

원주민들은 옥수수 대와 과일을 옮기며 일하고 있고, 채찍을 들고 감독하거나, 총을 들고 앉아 있거나, 아마까(그물침대)에 누워 있는 라디노들이 보인다.

그림 3. 식민지 시대의 삶

식민지 시절 내내 원주민들은 착취를 당했으나 라스까사스 신부나 빠라다 신부와 같은 사람도 존재했다. 그들은 원주민들에게 글을 가르쳐서 복음을 전달하였고, 그들의 문화를 존중했다. 알론소 뽄세(Fray Alonso Ponce)는 1588년에서 1589년 사이에 약 7개월간 유까딴에 머물며 자신의 비서인 시우다드 레알(Fray Antonio de Ciudad Real)과 함께 마야 언어를 모아 해설한 『모뚤 사전』5)을 집필했다. 1722년에서 1723년에 유까딴의 추기경으로 재직한 데 빠라다(Juan Gómez de Parada)는 정치적인 지배자(gobernadores)와 엔꼬멘도르(enconmendores)의 남용을 고발하고 스페인 왕의 직접적인 지지를 얻으려고 노력했다. 그러나 이런 사람들은 상대적으로 적었고 원주민의 착취에 기반을 둔 식민체제는 정착되어 갔다.

---

5) 이 책은 1872년 마드리드에서 처음 발간되었다

## 1.2.1. 행정조직

아메리카의 정복이 정착되자 스페인의 까를로스 일세는 아메리카의 지역 세력을 약화하는 데에 노력했다. 그는 '새로운 스페인'에 일어난 모든 일을 관장하는 '인디아스 위원회(Consejo de Indias)'를 스페인에 만들었다. 그리고 '새로운 스페인'6)을 지배할 부왕(Virrey)을 보냈다. 부왕은 현지에 '왕립 아우디엔시아(Real Audiencia)'를 설치하고, 주를 나누어 지사(gobernador)를 보냈다.

아스떼까 제국의 정복 10년 후에, 꼬르떼스의 세력을 억제하기 위하여 멕시코 아우디엔시아(Audiencia de Mexico)를 세우고, '새로운 스페인' 전역을 지배하는 총독(virrey)을 보냈다. 총독은 유까딴에서 이미 지배체제를 세운 몬떼호와 스페인 왕정 사이를 주재하는 자가 되었다. 4년 후 1550년, 중앙아메리카 아우디엔시아와 멕시코 아우디엔시아가 돌아가며 유까딴을 지배하고, 스페인 왕은 몬떼호에게 내린 아델란따도(Adelantado) 지위를 주지사(Gobernador)로 바꾸었다.

주지사 밑으로 도시와 마을을 지배하기 위한 청(Ayuntamiento)이 있었고, 이곳의 장은 지사가 임명하였고, 까빌도(Cabildo)라고 불렀다. 유까딴은 메리다, 바야돌리드, 깜뻬체, 비야 데 살라만까(Villa de Salamanca) 네 개의 무니시빨(Municipal)로 나뉘었다. 청은 네 곳의 무니시빨에서 선출된 알깔데(alcalde, 사법관), 레히도르(regidor, 시의원), 알구아실(alguacil, 경비대)로 구성되었다. 메리다에는 12명의 레히도르(regidores)가 있었고, 깜뻬체에는 5명, 바야돌리드에는 3명, 비야 데 살라만까에는 2명의 레히도르와 1명의 알깔데가 있었다.

---

6) 스페인 사람들은 북미 일부와 중미, 남미를 정복한 후, 현재의 '라틴아메리카' 전체를 '새로운 스페인'이라 불렀다.

까빌도를 주지사가 직접 임명한 이유는 그의 권한을 제한하기 위해서였다. 그러나 유까딴의 주지사는 일 세기가 넘도록 4개의 무니시빨에 자신의 까빌도를 심지 못했다. 그러자 17세기에 급격히 늘어난 해적과 여전히 저항하는 마야 원주민들을 핑계로 주지사는 '전쟁장교(capaitan a Guerra)'를 새로이 임명했다. 전쟁장교는 마야 원주민과 주위 사람들로 이루어진 '지방 군대'를 만들었다. 하는 일은 마을의 파수대, 해적의 근거지를 찾기, 도망간 원주민 잡기, 그 외에 의무에서 도망친 사람들 잡는 것이었다. 그의 위치는 시민-사법의 역할을 하는 까빌도와 대등한 위치였다. 그러나 18세기가 되자 '전쟁장교'는 유까딴 정부의 중심으로 파고들었다. 이들은 원래 스페인 행정부의 군사적 및 시민적 권력을 갖는 까빌도를 오히려 밀어내었다. 그러나 멕시코의 수많은 까빌도 지역을 다 차지하기는 어려워 두 개의 조직들은 공존했다. 이 조직은 유까딴에서 '스페인 공화국'을 이루는 핵심이었다.

이와 평행하여 '원주민 공화국'도 존재했다. 사회적 계급으로는 '스페인 공화국'이 '원주민 공화국'의 위에 있었으나, 행정적으로는 '원주민 공화국'이 주지사에게 모든 소청을 직접적으로 하여 두 공화국은 평행관계였다.

1550년부터 '원주민 공화국'은 각각 마을의 간접 정부로 행세했다. 유까딴에는 무니시빨(Municipal)이 네 개가 있었고, 각각의 무니시빨에는 마을들이 있었는데, 마을마다 2명의 알깔데, 3~4명의 레히도르, 여러 명의 알구아실과 다른 공직자들을 뽑았다. 그리고 가끔은 스페인어로 기록할 수 있는, 마야어 전문의 서기가 있었다. 이 모두의 위에 유까딴의 지사가 임명하는 면장(gobernador)이 있었다. 주지사가 직접 임명해도 대부분은 마을의 유력자 집안의 사람이었다. 그의 곁에는 마을의 지배자인 바땁(Batab)[7]이 있었다. 바땁은 정복 이전부터 내려오는 지배자였다. 둘은 같은 일을 했다. 17세기가 되자 이 둘의 구별은 사라지고 모두 바땁이 했다. 이로써 마야

---

7) 멕시코에서는 일반적으로 까시께(Cacique)라는 스페인어 용어를 쓴다. 그러나 유까딴에서는 전통적으로 마을의 우두머리를 '바땁'이라고 불렀으며, 당시에도 그 용어를 썼다. 현재는 두 용어를 혼용하고 있으나 이 책에서는 바땁으로 통일했다.

원주민의 자치 전통은 스페인의 식민지배에도 유지했다. 그러나 이 '원주민 공화국'은 각 마을마다 존재하였고, 원주민의 마을과 마을 사이를 연결하는 제도는 한 번도 존재하지 않았다. 왜냐하면 이 조직 위에 유까딴 주지사가 있었고, 그가 총괄하였기 때문이다. 그리하여 '원주민 공화국'을 통한 주지사의 간접 지배가 식민지 정책의 근간이 되었다.

그림 4. 시간차깐 장원의 입구(Hacienda Xcinchakan, Yucatan)

그림 5. 시깐차깐 장원의 내부 넓은 경작지 주위로 가옥들이 있다. (Hacienda Xcinchakan, Yucatan)

## 1.2.2. 행정구역

정복 당시 유까딴 북쪽에는 풀을 태우고 나서 옥수수를 심는 화전농법으로 경작을 하여 많은 사람들이 살고 있었다. 마야 원주민들은 혈연에 기초한 작은 공동체들이 열대 스텝의 숲에 흩어져 사는 형태를 선호했다. 그러나 스페인 정복자들은 시민 행정 및 종교적 이유로 하나의 중심으로 모으려고[8] 했다. 스페인 정복 직후인 1530년경에 스페인 사람들이 스페인식 농장인 란초(Rancho)를 곳곳에 세우자 원주민 공동체마을은 사라져 버렸다. 따라서 1550년대에 프란시스코파 성직자들이 개종을 시키기 위해 원주민 마을을 찾으려고 했을 때에는 기존의 경계는 있었지만 마을(aldea)을 찾는 것이 힘들었다. 그러나 몇십 년이 지나지 않아 원주민들은 스페인 사람들이 갖고 온 전염병 및 그들이 강요하는 '강제 노동[9]'을 피해, 스페인 사람들의 중심지역에서 떨어진 곳에 흩어져 사는 옛날의 마을을 다시 세웠다. 16세기 말에 프란시스코파 성직자들은 이 마을들을 억지로 다시 모으려고 하였다.

마야 원주민과 메스띠소, 라디노,[10) 모두에게 가장 중요한 행정 구역은 마을과 교구였다. 스페인 식민 시절에 원주민의 노동과 세금을 착취하기 쉽도록 인위적으로 강제된 마을－교구 단위는, 흩어져 사는 것에 익숙한 원주민들의 문화와는 여러 면에서 부딪혔다. 그럼에도 불구하고 첫째로 마을, 둘째로는 교구가 마야 사람들의 중심이 되었다.

농촌의 교구는 몇 개의 마을로 나누어지는데, 가장 뚜렷한 것은 머리 마을, 즉 까베쎄라(cabecera)였다. 이것은 식민지 선교사들이 흩어져 사는

---

8) 스페인어 원문 nucleación

9) 스페인어 원문 requerimientos laborales

10) 스페인이 유까딴을 정복한 이후에 나타난 사람들은. 스페인에서 직접 온 뻬닌술라르(peninsular), 식민지에서 태어난 백인계 끄리오요(criollo). 백인과 원주민의 혼혈인 메스띠소(Mestizo)들이다. 뻬닌술라르와 끄리오요는 지배세력을 이루어 '라디노(Ladino)'라고 불렸다. 일부의 메스띠소는 지배계층에 편입되어 라디노에 속하기도 했으나 대부분은 마야 원주민과 함께 식민지의 최하 계급을 형성했다.

원주민들을 불러 모아 공동체를 조정하기 쉽도록 한 단위이다. 까베쎄라는 시민적 및 종교적 세금을 모아들이는 중심이었으며, 주위에 오두막을 세우고 흩어져 사는 원주민들의 부를 거두어 들이는 기본 행정 단위였다. 원주민 공동체의 경제적 기초는 오두막 주위의 농작물 재배지인 밀빠(milpa)였다. 밀빠는 화전에 기초한 것으로 경작지를 바꾸어 가며 살아야 했다. 그러나 식민 정부는 세금을 걷고, 노동을 부과하고, 종교적으로 감시하기 위해 까베쎄라 주위에 모아 두려고 애썼다. 따라서 되풀이되는 경작으로 땅이 피폐하여져서 도망가는 마야 사람들이 늘어났다.

두 번째 단계의 마을은 '아우실리아르(auxililar)'였다. 식민지 시대의 지배계급인 유럽계 백인들인 라디노와 마야의 토착귀족 등 지배계층은 까베쎄라에서 살고, '아우실리아르'에는 주로 마야 원주민이 살았다. 이 마을들은 까베쎄라에서 짧게는 6마일, 대부분은 15~20마일 정도 떨어져 있었다. 그리하여 1806년의 까베쎄라인 띠호수꼬(Tihosuco)에는 근처의 주요 아우실리아르인 떼뻬츠(Tepich)와 뗄라(Tela) 인구의 두 배가 살았다. 그리고 띠호수꼬에는 마야 원주민이 아닌 사람들이 700여 명이 사람들이 살았던 반면에 떼뻬치에는 겨우 10명, 뗄라에는 한 사람도 없었다. 그리하여 아우실리아르에는 '까베쎄라'보다 행정적 간섭의 영향이 미치는 정도가 훨씬 적었다. 예를 들면, 똑같이 세금을 내더라도 아우실리아르의 사람들은 형편없는 서비스를 받는 데 비하여 까베쎄라에서는 라디노가 아닌 마야 귀족들도 혜택을 누렸다. 다른 한편 행정적 및 종교적 감시도 덜 엄격했다. 따라서 마야 사람들이 모이고 대화를 나누는 것이 훨씬 자유로웠다. 그리하여 유까딴의 가장 큰 두 반란은 모두 아우실리아르에서 시작되었다: 까넥은 끼스떼일(Quisteil)에서, 까스따 전쟁은 떼뻬츠(Tepich)에서.

또 다른 형태의 마을은 란초(Rancho)였다. 란초에는 두 종류가 있는데, 사탕수수 농장 같은 대농장을 의미하기도 하지만, 행정구역으로는 아우실리아르보다도 더 작은 조그마한 마을을 의미하는 것이다. 이 두 번째의 란초에는 다른 지역에서 들어온 적은 숫자의 개간꾼(milpero)들이 땅을 개간하여 살았다. 란초 하나의 인구는 100여 명 정도였다.

## 1.2.3. '원주민 공화국'의 운영

원주민 공화국의 우두머리 바땁은 스페인의 통치에 복종하는 것으로, 그의 권리가 자신의 마을에서 아들에서 자손으로 전해졌다. 병이 나거나 범죄를 했을 경우에는 새로운 바땁을 주지사가 임명했다. 따라서 바땁은 자신의 마을에서 정치 및 시민적(civil)으로 스페인 왕과 유까딴 주지사를 대표하는 자로서 식민지 시대와 1867년에 막시밀리아노 황제가 멕시코 공화국에 의해 밀려날 때까지 일했다.

바땁이 이끄는 원주민 공화국은 마을의 원주민 중에서 선출된 8~10명으로 이루어진 위원회(consejo)가 있었다. 이들은 무덤의 관리, 가정을 이끄는 것, 정직함, 지적 능력 등을 인정받은 자들이었다. 바땁에게는 마야 부관(Maya teniente)이 있었는데, 그는 바땁의 보조자로서 바땁이 없을 때 그의 임무를 대리했다. 그 밑으로 시민행정 및 사법을 담당하는 두 명의 알깔데(alcalde), 그들을 보조하는 네 명의 시의원 레히도르(regidore), 거기에 사건을 기록하고, 편지, 탄원서 등을 쓰는 서기(escribano), 그리고 헌병 및 수비대 또는 모든 노역자들을 관리하는 뚜삘레스(Tupiles)[11]로 이루어졌다. 이 원주민 공화국의 위원회는 사회계급적으로 우위에 있는 메리다 라디노들의 행정조직의 지시를 받지 않고 따로 움직였다.

이들 공직자들의 선출은 매년 1월 1일에 했다. 바땁과 위원회의 행정을 위해 사람들은 미사를 보고 신에게 기도했다. 미사가 끝나면 바땁과 아우디엔시아(audiencia)라고 하는 위원회(salón de sesiones) 돌아가서 '확인한'

---

11) 멕시코 및 메리다 행정부에서는 알구아씰(Alguaciles)이 하는 역할이다.

것을 전했다. 바땁은 새로운 공직자들에게 꽃으로 장식된 흰 막대를 내미는 것으로 그들의 직위를 인정했다. 재선이 금지되어 있으므로 모두들 새로 임명된 사람들이었다. 바땁(처음에는 까빌도가 기록했다)의 책에 있는 선거에 대한 기록은 복사하여 주지사에게 보내서 검토하도록 했다. 바땁은 종신직이며, 법적으로 인정된 이유 이외에는 밀려나지 않는다. '법적인 이유'는 멕시코의 아우디엔시아에서 '미리 판결'을 하고 유까딴에 보내어 다시 판결을 하여야 했다.

'원주민 시의회'는 마을의 '왕의 집(casa real)'에서 이루어졌다. '왕의 집'에는 의자, 탁자를 비롯한 모임을 위한 자질구레한 필요를 준비하는 집사(subdelgado)가 있었다. 그리고 특별히 마을의 서류를 보관하는 '열쇠 달린 금고'가 있었다.

'원주민 시의회'는 매주 토요일 아침에 회의를 했다. 모든 정치적, 시 행정에 관한 일을 의논하고, 주지사의 명령을 전달했다. 그리고 이에 대한 기록을 하고 보관했다. 회의가 끝나면 바땁과 그의 보좌관들은 감옥, 학교, 큰집, 그리고 중요한 공공건물들을 방문했다. '원주민 시의회'는 원주민 각자의 밀빠(Milpa)[12] 작물의 일정 부분을 공동체의 비용으로 내놓는 것을 감시한다. 이를 위하여 50명의 원주민 남자들은 씨앗을 뿌리고 그 열매를 공동체로 가져간다. 그리고 씨 뿌린 양은 바땁(또는 까빌도)의 공책에 적어 두었다. 이 책에는 그 돈의 사용처도 같이 적어 두었다. 지사가 방문하면 이 공책을 검사했다. 또한 원주민 시의회는 원주민 개인의 경작의 의무 수행 여부에 대해 기록했다. 원주민 남자 한 명이 60메까떼[13]의 옥수수, 자신의 집과 가족이 먹을 야채, 12마리의 닭과 하나의 수탉, 6마리의 오리와 1마리의 수오리를 기를 의무가 있었다.

다른 한편, 한 달에 한 번, 레히도르와 뚜삘레스는 각 가정을 방문하여 위

---

12) Milpa, 마야 사람들의 경작지. 주로 옥수수를 심었다.

13) Mecate, 곡식을 계량하는 단위로, 곡식을 담은 '자루'를 의미한다.

생 정도를 검사했다. 바땁은 두 달에 한 번 자신의 관할 아래의 모든 마을을 공식적으로 방문했다. 바땁은 병자가 생기면 돌볼 의무가 있었고, 죽은 자가 어린아이와 재산을 남기면 그를 관리할 사람을 지정할 의무가 있었다.

또한 마야 원주민이 집, 밭, 말, 노새, 면역된 소, 땅을 사고팔 때에는 바땁, 알깔데, 레히도르나 스페인 재판관 앞에서 서류를 작성해야 했다. 공동체의 재산을 양도할 때에는 주지사의 허가가 필요했다.

이와 같은 바땁의 공직 수행 부분은 거의 알려지지 않았지만, 실제로 19세기 초 바땁은 그의 공동체에서 상당히 부유한 사람이었고, 그의 일하는 능력은 끄리오요 공직자와 마찬가지로 인정되었다. 또한 그가 하는 일은 부분적으로 가족에게 승계되었다. 한 예로 띠호수꼬의 바땁이었던 하신또 빠뜨 가족은 1821~1847년 사이에 띠호수꼬에서 여러 공적인 임무(office)를 맡고 있었다. 그리하여 빠뜨는 까스따 전쟁을 이끌 행정적 권위를 갖고 있었던 것이다.

그림 6. 원주민 공화국은 위원들이 모일 공공장소를 갖고 있었다. 전형적인 마야의 천장과 아래쪽으로 마야의 화덕이 보인다

## 1.2.4. 원주민 기독교화의 본성

유까딴의 군사적 정복이 어려웠음에도 불구하고 기독교로의 개종은 매우 빨리 쉽게 이루어졌다. 신에 대한 개념, 삼위일체와 성모 마리아, 십자가의 상징 등을 즉각적으로 받아들였다. 마야의 토착 지배자들과 사제 및 귀족들, 그리고 일반 원주민들이 세례를 받았고, 각각 마야의 혈연에 기초한 성과 세례명을 받았다.

그리고 1560년경에는 유까딴의 몇 되지 않는 성직자의 노력으로 프란시스코파는 마야의 작은 마을에 약 200여 개의 교회를 세웠다. 숫자가 너무 많아서 스페인 성직자들이 정기적으로 방문하기조차 어려워 대부분의 교회에는 고정적인 신부가 없었다. 그러나 여기에 원주민 귀족과 왕족이 다니는 학교를 세우고 그들에게 기도와 성체의 중요성과 스페인어를 가르쳤다. 이들 피상적으로 유럽화된 마야의 지도자들이 대부분의 마야 사람들을 이끌었다. 이들은 원주민의 믿음과 의례에서 스페인 사람들이 혐오하는 요소만을 빼고 기독교의 옷을 입은 원주민의 종교를 원주민들에게 가르쳤다. 그들은 '새로운 배움(기독교)'를 '옛날의 행위(마야의 종교행위)'를 대치하는 것으로 받아들였다. 그러나 그들이 이해한 것은 매우 제한적이었다. 마야 사람들은 '우상숭배'라고 부르는 자신들의 종교행위를 심지어는 교회 안에서도 계속하였는데, 이는 자신들의 종교와 기독교를 뒤섞어 의례를 하였기 때문이었다. 결과는 끔찍했다.

1562년 5월, 로드리고(Pedro de Ciudad Rodrigo) 수사는 마니(Mani, Yucatan)에 가까운 한 동굴에서 두 젊은이가 우상의 형상이 있는 제단을 발견했고, 그 우상을 위하여 희생을 한 흔적을 발견했다고 당시에 유까딴 지역 교구를 담당하고 있던 디에고 데 란다(Diego de Landa) 추기경에게 보고했다. 란다는 즉시 베드로수사에게 수도원의 다른 6명의 수사와 함께 누가 이 일에 관여했는지 조사하라고 지시했다. 그들은 마니마을 부근의 원주민들을 잡아서 문초했는데 손을 붙잡아 매달고 아주 세부적인 것까지 물어서 흡족하지 않으면, 발에 돌을 매달고, 채찍으로 때리고, 촛농을 몸에 떨어 뜨리며 고문했다. 일요일의 미사에서 우상의식에 참가한 사람들을 줄을 세워 때리고 벌금을 물렸는데 이 모든 책임을 원주민 지도자에게 물었다. 따라서 원주민 지도층에게도 같은 판정을 내렸다. 란다는 기왕에 벌어진 일에 더욱 큰 효과를 내기 위하여 7월 12일에 마야의 귀족들과 교리를 가르치는 사람들의 머리를 자르거나, 채찍으로 때리거나, 죄인의 옷을 입히거나, 강제노동 또는 일정 기간 동안 공동체 밖으로 쫓아내고 벌금을 물렸다. 그뿐만이 아니고, 원주민이 성스러운 땅(교회 안)에 묻힌 경우, 기독교인이라고 해도 다시 파내어서 불에 태웠다. 이때에 우상의 형상들과 다른 유물들, 그리고 고문서들도 함께 태웠다.

이 조사에서 마야의 귀족들이 비밀리에 옛 제례를 해 왔던 사제들을 보호했다는 것을 알게 되었다. 그들은 제례를 행했을 뿐만 아니라 옛 관습에 따라 희생도 하였는데, 기독교의 영향을 받아서 예배당 안에서 옛날의 신을 모시고 젊은이나 어린이를 십자가에 못 박으며 이렇게 말했다 "이 소년들은 십자가에 못 박힌 예수처럼 죽을 것이다. 예수는 우리들의 구세주이셨다. 그러나 그 이상은 모른다."

이 끔찍한 박해 동안에 의심을 받은 많은 원주민들이 산으로 도망가서 목을 매었다. 1562년 8월에 이 사건이 깜뻬체(Cam peche)에 있는 또랄 (Toral) 신부에게 전해졌다. 그는 추기경으로 발령받자 메리다로 가서 붙잡힌 원주민들의 이야기를 들었다. 그는 원주민들에 대한 고문을 금지하고, 우상숭배에 참석한 이들에게 벌금을 부과하거나 채찍질을 하고 방면했다. 그리고 강제노동을 폐지했다. 1563년 2월 또랄 추기경은 종교적 박해를 종결했다.

가톨릭의 사제들이 보기에 진정한 개종은 원주민 의례의 뿌리부터 방향을 바꾸어 잡는 것이었다. 새로운 왕국질서 아래서 동물과 사람의 희생,

가면과 의례용 옷을 입는 것, 몸에 문신을 하는 것과 색칠하는 것, 코걸이 및 장식용 귀마개 등을 모두 금지했다. 그리고 바땁들은 세례를 받는 대신에 개인적인 노예를 해방하도록 했다.

외형적으로 원주민 의례가 사라지고 가톨릭이 자리를 잡아 감에 따라 스페인 사제로부터 교육을 받은 원주민 귀족에게 일반인들의 예배를 인도하는 것과 성가를 부르는 것을 허가했다. 그러나 마야 원주민의 종교와 기독교를 원천적으로 분리한다는 것은 불가능했다. 사제가 없는 시골에서는 이교적인 의례가 예배당의 계단 및 회당 안에서 이루어졌다. 유까딴에서 벌어진 이 기독교와 이교도의 합침은 교회 안에서만이 아니라 들판에서도 비의 신 착(Chaac)과 예수의 사도들이 함께 예배의 대상이 되었다. 1597년에 소뚜따(Sotuta)에서 일어난 사건은 원주민들이 기독교를 이해하는 정도를 그대로 보여 준다. 소뚜따의 원주민들이 '모세들'을 대표한다는 이야기가 나돌았다. 이 '원주민 모세들'은 건물 안에 어린이를 숨기고 소리를 내게 하여 '성령'이 '가르침'을 주는 것으로 믿게 했다. 메리다의 성직회는 '우상숭배'를 한 사람들에게 사형을 내렸다. 그러나 1610년에는 마야 사제들 스스로 교황과 추기경을 임명하고 성체(comunión)를 주고 '고백성사'를 받는 일이 일어났다. 17세기 말에 푸엔살리다(Fuensalida) 신부는 스페인 군의 공격으로 과테말라의 뻬뗀 쪽으로 도망간 바깔라르의 원주민이 그곳에서 빵과 포도주 대신에 또르띠야(tortilla)[14]와 아똘레(atole)[15]로 성찬식을 한다는 보고를 들었다.

스페인의 정복과 함께 이루어진 기독교식 세례와 기독교식 성명을 마야 원주민들은 대체로 자발적으로 받아들이기는 하였으나, 자신들의 종교관 안에서 이해한 것이었다. 진정하게 기독교로 바꾸는 것은 오로지 군사적으로 압박을 하는 것과 가톨릭 성직자들이 감시하는 아래서만 가능했으

---

14) 옥수수로 만든 전병. 메소아메리카 원주민들의 주식이다.

15) 옥수수로 만든 걸쭉하고 달콤한 음료수.

마야 사람들은 동굴은 신과 만나는 장소였다. 십자가, 성모사진 그리고 촛불은 꼭 필요한 것이다. 흔히 꽃으로 장식해 둔다(México desconocido 1996, no. 227, pp.20-21).

그림 7. 동굴로 들어가는 입구(왼쪽)와 동굴 안에 있는 예배소(오른쪽)

므로, 마야 지역 전체를 스페인이 직접 통치하지 않고 '원주민 공화국'을 통하여 간접적으로 지배를 하는 한 불가능했다.

### 1.2.5. 원주민 납세자와 조세

스페인 사람들이 올 무렵에는 서쪽의 참뽀뚠(Champoton) 강 일대와 동쪽의 체뚜말(Chetumal) 주위 외에 유까딴 반도 주민의 대부분은 북쪽의 열대사바나에 살고 있었다. 유까딴의 마야 사람들은 언어, 인종이 같지만, 세습 귀족이나, 지도자 집안을 중심으로 뭉쳐서 여러 정치적 단위로 나뉘어 살고 있었다. 그러나 그 어느 지도자도 세금을 징수할 만큼 광범한 권력을 지니지 못했다. 스페인 사람들이 유까딴을 정복하자, 유까딴 반도에 사는 전체 주민을 대상으로 세금을 걷었다. 세금은 '시민세'와 '종교세'로 나뉘었다. 또한 '마야 원주민'과 '마야 원주민이 아닌' 사람의 세금으로 나뉘었다.

10%의 세금, 식민지 초에는 '마야 원주민이 아닌' 사람들이 내는 세로 써 교회에 내는 것이었다. 이 중 일부는 지방의 교구에서 사용했지만 대부분은 메리다의 대성당으로 보내졌다. '마야 원주민이 아닌' 사람들은 대부분이 지배계층인 라디노였다. 이 세금은 라디노가 가난할 때는 면제되기도 했다. 마야 원주민들 중에도 십분의 일 세를 낸 부류가 있었는데, 바땁과 마을 공동체의 수입을 관리하는 꼬프라디아스(cofradias)였다.

십분의 일 세 이외에도 성체 받을 때나, 세례, 재확인16), 결혼, 매장 등 일을 성당에서 주관하고 요금을 받았는데, 실제적으로는 이것이 더 지속적이고, 정기적이었다.

'마야 원주민이 아닌' 사람들이 낸 10% 세금은 농산물 생산의 10%였다. 아메리카를 정복한 후 얼마 지나지 않아 스페인 왕실은 원주민들에게서는 이 세금을 제외했다. 그러자 이 세금의 적용 여부는 지방에 따라 달라졌는데, 유까딴의 마야 원주민은 이 세금을 끝까지 내지 않았다. 또한 식민지 중앙정부는 원주민의 기본적인 생산물인 옥수수, 콩, 꿀, 초, 스쿼시 등에 대해서는 세금을 면제하고 소와 목장 같은 부유층의 재산에는 세금을 유지하려고 노략했다.

나머지의 일반조세는 마야 원주민에게만 해당되며 시민 정부(gobierno civil)와 엔꼬미엔다(enconmendero)를 유지하기 위해 사용되었다.

정복 직후에는 원주민 부부 한 쌍당, 면직물 짠 것 얼마간, 얼마간의 옥

---

16) 스페인어 원문 reconfirmaci&oacute;m, 가톨릭교회 종교교육단계의 하나이다.

수수, 두 부대의 오리와 닭, 이 모두를 돈으로 환산하면 약 24레알 정도였다. 시간이 흐르자 남자, 여자, 결혼한 사람과 안 한 사람, 모두에게 걷었다. 14에서 60세 사이의 남자는 일 년에 14레알, 12~55세 사이의 여자는 11레알이었다. 여자들에 대한 조세는 18세기 이후에 없어졌다.

여기에 덜 중요한 세 개의 세금이 덧붙었다. 하나는 공동체를 위한 것이고, 다른 하나는 원주민이 하는 법적인 무료노동에 값을 붙인 것과, 세 번째는 시민정부에게 가지 않는 종교세의 일부로 여겨진 것으로, 금식 기간에 고기를 먹는 것을 허락하는 '사면세'이었다. 세 개의 세금을 합하면, 한 쌍의 부부에게 일 년에 38레알 정도였다.

'마야 원주민이 아닌' 사람들이 내는 십분의 일 종교세인 '리모스나(Limosna, 주요 종교세(obvencion mayor)'는 마야 원주민도 각 개인이 내어야 했다. 14세에서 60세 사이의 남자는 12.5레알, 12세에서 55세까지의 여자는 9레알이었다. 이것은 모두 교구로 가는 세금이었다. 원주민이 성당이나 성당의 부속건물을 청소하는 등의 교회 유지에 관계되는 일을 하면 세금 중의 일부를 면제받았다.

원주민에게도 역시 '부차적인 세금(obvencion menor)'이 있었는데, 성체 받을 때나, 세례, 재확인, 결혼, 매장 등에서 요금을 받는 것이었다. 이 모든 일을 위해 한 쌍의 부부가 내는 돈은 일 년에 34레알이었다. 이렇게 원주민이 내는 세금은 일 년에 총 72레알이 되어 원주민 한 가족 일 년 수입의 반 이상이 되었다.

그런데 무엇보다도 원주민을 가장 괴롭힌 것은 의무적인 부역이었다. 공적인 부역에는 교회를 유지하는 것이나, '원주민 공화국'을 유지하는 부역이 있었다. 이 공적인 부역은 모두가 공감을 했다. 원주민을 실제로 괴롭힌 것은 개인적인 노역(servicio personal)이었다. 모든 원주민 남자와 여자는 이웃에 사는 지정된 '마야 원주민 아닌 사람들'에게 일정한 시간 동안 일을 해 주어야 했다. 대신 그들은 급료를 지불했는데 아주 적었고, 일을 하러 가기 위하여 쓰인 시간에 대해서는 지불하지 않았다. 시간이 감에 따라 이 노역은 단순히 근처에 사는 '마야 원주민 아닌 사람들'뿐만이 아니라, 스페인서 온 뻬닌술라르에게로 확장되었다. 물론 이것을 결정하는 데에 원주민의 의견은 전혀 존재하지 않았다.

다른 하나는 레빠르띠미엔또(repartimiento)였다. 이 제도는 원주민들이 핍박받는 노동을 피하여 산으로 도망가서 반란을 일으키는 일이 잦아지자, 노동력을 확보하기 위한 방법으로 시작했다. 전문성을 갖는 노동은 아니고, 일반적인 것으로 면직물 및 농산물의 생산, 그리고 목장에서의 일 등을 했다. 제도가 정착되어 감에 따라 노동자들은 계약을 맺고 보수를 받았다. 그러나 보수는 극히 적었다. 예를 들어 엔꼬멘데로인 사용자가 면직물을 만들도록 지시하고 '형편없는' 보수를 준다. 그 일을 맡은 원주민이 제대로 하지 못하면 사용자는 원주민을 신체적으로 협박하며 강요할 수 있었다. 많은 경우에 집에도 가지 못하고 일에 매이게 되어 원주민들은 자신들의 밀빠를 경작하거나, 집을 돌볼 수 없게 되었다. 그러면 생계 및 다른 세금을 내기 위하여 사용자에게 빚을 얻게 되고 그 빚은 영원히 갚지 못하게 되어 사용자와의 계약을 벗어나지 못하고 노예의 수준으로 전락했다. 그리하여 원주민이 도망가는 일이 흔히 일어났다.

위와 같이 대부분의 세금과 모든 노역은 마야 원주민의 몫이었다. 불평등한 세금은 19세기에 일어난 마야 원주민의 반란들의 가장 중요한 이유였다. 특히 종교세(Obvención)가 가장 큰 부담이었다. 그들은 죽음, 도망 또는 반란을 통해서만 여기에서 빠져나갈 수 있었다.

## 1.2.6. 식민지 사회에서 원주민의 계급

유까딴은 두 개의 세계로 나뉘었다. 지배계층인 라디노의 세계와 피지배계층의 세계였다. 라디노는 스페인에서 직접 온 뻬닌술라르(peninsular)와 아메리카에서 태어난 백인계 끄리오요(criollo)가 대부분이었다. 그리고 이들과 협력하는 메스띠소(mestizo), 물라또(mulato)들도 이들 세계에 포함되었다. 메스띠소는 대체로 마야 원주민 어머니와 스페인계의 아버지 사이에 불법으로 태어난 사람들이다. 그럼에도 불구하고 그들은 마야 원주민이 내어야 하는 세금을 면제받았다. 물라또는 흑인 어머니와 스페인계 아버지 사이에 역시 불법적인 행위로 인하여 태어난 사람들이었다. 유까딴에서 물라또는 매우 숫자가 적었고 메스띠소와 비슷한 취급을 받았다.

유까딴에서 모든 의무와 세금부담을 지고 사회의 가장 아래층을 이루는 계급은 마야 원주민이었다. 그들은 사회를 유지하는 모든 책무를 지고 있었지만, 사회에서 누리는 것은 가장 적었다. 축제를 할 때에도 라디노들이 놀고 간 이후에야 가서 춤을 출 수 있었다.

그들은 또한 식민지 사회의 대다수를 이루는 사람들이기도 했다. 이 거대한 인구의 마야 원주민들을 지배하기 위하여 스페인 정복자들은 '마야 원주민 시배층'을 이용했다. 정복자들은 마야의 토착귀족들의 특권을 인정하였고, 이들 토착귀족들의 식민정부에 대한 충성도에 따라 일부 또는 전부의 조세를 면제했다. 이것이 평화를 유지하고 스페인 통제를 확장시키는 방법이었다.

이에 따라 마야의 토착귀족들은 스페인화의 길을 갔다. 그리고 그들은 피지배계층의 하나이면서도 식민지 사회의 지배자 계급과 유사한 대우를 받으며 스페인 지배계급에 협력함으로써 마야 원주민과는 전혀 다른 세계를 살았다. 식민지 시대 유까딴에서는 이들이 무장한 원주민들을 이끌고 나가 스페인의 지배에 저항하는 원주민들을 복종시켰다.

한 예로 참뽀똔 남쪽의 떡스첼(Tixchel) 마을의 빠블로 빡스볼론(Pablo Paxbolon)이라는 마야의 지배층 사람이 있었다. 그는 정복 초기에 태어났다. 14살까지 프란시스코파의 수도원에서 교육을 받았다. 그리고 고향에 돌아와서 자신의 마을의 지도자가 되었다. 그의 나이가 40살이 되었을 무렵인 1583년에 스페인 정부는 마야 원주민 반란군을 줄이기 위해 그와 계약을 했다. 그는 적극적으로 마야 원주민 도망자들을 잡았다. 그리하여 그는 정부와 4년의 재계약을 했다.

이와 같은 상황으로 해서 마야 원주민들은 사회적으로 동질적이지 않았다. '원주민 공화국'의 직분에 선출된 '공무원'들은 식민지 지배체제와 연관되어 특권과 힘을 누렸다. 공무원 중에서 대표적인 중요한 직책은 바땁(Batab)이었다. 식민 이전 시대에는 바땁이 마을의 우두머리로, 할라치 우이닉(Halach Winic)이라 불렸다. 할라치 우이닉에게는 재판권이 있었으며, 농사철에는 '씨 뿌리기'를 결정하였고, 마야사제들의 달력을 유지하였고, 마을 사이의 전쟁 때는 전사를 지휘했다. 할라치 우이닉의 직위는 자손으로 이어졌지만, 꼭 부계인 것은 아니었다. 정복 후에는 바땁이 할라치 우이닉의 역할을 이어받아 여전히 마을의 우두머리로 여러 특권을 누렸다. 특히 식민지 지배체제와 협력하여 1) 조세 면제, 2) 개인적 사역 면제, 3) 식민지의 공직에 우선적으로 임명될 수 있으며, 4) 말을 타고, 스페인의 의복과 무기를 갖는 것을 허락하고, 5) 법정에서 특별한 위치에 앉고, 6) 무기가 달린 겉옷을 가질 수 있으며, 7) '돈(Don)'[17]이라는 존칭을 사용할 수 있었다. 이와 같은 것은 사회의 가장 아래층을 이루는 마야 원주민의 계급에서 가능한 일이 아니었지만, 바땁을 비롯한 몇몇의 토착귀족들에게는 가능했다. 그러나 1800년대에는 처음 3개 조항이 사라졌다. 그러나 마야 원주민으로부터 세금을 받아 식민지 행정당국에 보내는 일은 계속되었다. '세금징수원'으로서 바땁은 거둬들인 세금의 4~5%를 수입으로 받았다. 한 교구의 연간 수입이 2,500뻬소 정도이니 바땁이 받는 것은 125뻬소 정도 된다. 원주민의 수입으로서는 상당히 큰 것이었다. 마야 원주민의 지배를 위해서 바땁과 협력해야 하는 사람들은 메리다의 행정자들뿐만이 아

---

17) don, 스페인어로 이름을 부를 때 붙이는 존칭.

니었다. 지방 교구의 신부들도 그와 밀접한 관계를 가졌다. 그리하여 바땁은 예외적인 수입을 가질 수도 있었다. 한 예로 사깔라까(Sacalaca) 마을의 바땁 하신또 모(Jacinto Moo)는 자신의 교구의 또마스 브리또 신부(Fr. Juan Tomas Brito)에게 보내기 위해 걷은 돈을―신부의 일 년 수입이었다―빌려 땅을 사서 사용했다. 그런데 그 빚을 갚기 전에 신부가 죽었다. 신부는 그가 갚지 않아도 된다고 유언을 남겼다.

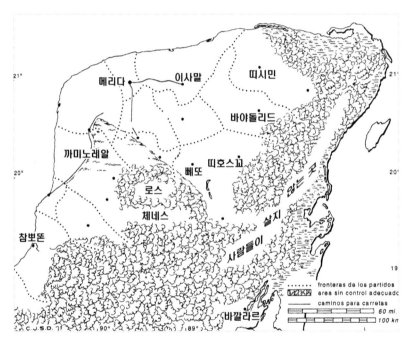

(Dummond 2005:99, 정영창 수정)

그림 8. 식민지 시대의 행정구역분포

# 제2장
## 폭풍 전야

## 2.1. 독립 직후의 사회 상황

　19년 동안의 투쟁 이후에 스페인 사람들은 1546년 유까딴을 정복했다. 계속되는 반란을 진압하는 전쟁 속에서 기아가 만연하고, 원주민들에게는 면역이 없는 새로운 바이러스로 수많은 사람이 죽었다. 그리고 마침내 더럽혀진 땅에 아무런 감정이 나타나지 않는 평화가 왔다. 가톨릭의 성직자들이 유적을 돌아다니면서 악마나 옛날의 신을 찾아다니고, 살아남은 사람들이 몰래 하는 의례를 찾아 채찍을 때리곤 하였지만, 프란시스파의 학교가 들어서며 문제가 해결되었다. 스페인 사람들이 관용이 조금 생기고 마야 사람들은 승리자인 그들의 신을 일부 받아들였다. 침입자들은 마야의 토착귀족 및 원주민 사제들과 자리를 바꾸고, 유럽식의 나라를 지역의 조건에 맞추어 새로운 지배체제를 세웠다. 이 체제는 300년 동안 계속되었다. 유럽이 르네상스를 지나 산업국가로 변하는 동안 유까딴은 화석화된 사회였다.

　스페인이 유까딴을 정복한 후에도 약 30만 명의 마야 원주민들이 살아남았지만, 사회의 무질서와 천연두 때문에 1700년에는 약 반으로 줄었다가 서서히 늘기 시작했다. 13만 명에서 1800년대에는 358,000명, 1845년에는 58만 명으로 늘었다. 통계에 의하면 유까딴은 곧 백만 명 이상의 인구를 갖게 될 것이었다. 인구가 늘자 식량이 더 많이 필요했고, 결과는 땅에

아시엔다에서는 용설란의 한 종류인 에네껜을 대량으로 경작하였다. 앞의 마당에 매우 큰 우물과 종탑 뒤로 굴뚝이 보인다.

그림 9. 식민지 시대의 아시엔다(Hacienda, 대농장), 메리다 소재

대한 경쟁으로 나타났다. 1840~1847년 사이의 빈 공공의 땅은 장원의 손아귀에 들어갔다. 농부들은 식민지 시대의 일반세와 종교세 내기를 거부했다. 마야 사람들은 백인들의 장원과 란초에 의해 점령되어 있는 그들의 숲을 다시 찾을 생각이 일어났다. 깜뻬체와 메리다에서는 해외무역에 종사하는 장사치들이 많아져 상업계급이 새로 나타났다. 정치가들은 대부분의 행정부 직분과 봉급을 차지하여 라디노 사이에도 일자리에 대한 다툼이 일기 시작했다.

다른 한편, 마야 사람들에게는 삶이란 순환이었다. 나고 죽는 것, 경작 방법, 종교, 그 어느 것도 바꿀 것은 없었다. 왜냐하면 신성한 섭리, 천명이었기 때문이다. 농부에게 흉작은 신이 그에게 화난 것이다. 오로지 기도만이 그의 배고픈 가족에게 먹을 것을 가져다줄 수 있다. 그들의 사회적 지위, 정치·행정적인 일자리, 지식을 습득하기 위한 공부 등 그 어느 것도 변화하지 않고 반복하는 것으로 받아들이고 있었다.

유럽에서 중세가 끝나고 이성의 시대가 왔다. 여기에 미국의 평등주의 까지 합세했다. 동시에 스페인은 나폴레옹의 점령에서 해방되었고, 유럽 전체에서는 민중을 중심으로 하는 새로운 사상의 물결이 넘쳤다. 멕시코의 이달고(Hidalgo)[18]들은 스페인에 대항하여 독립 혁명을 일으켰다. 멕시코의 보수주의자들은 혁명을 진압하자 스페인에 독립을 요구하였고, 1821년에 독립을 얻었다. 같은 해 유까딴도 독립을 선언했다.

독립 세대의 자유주의자들은 교회, 왕권, 그리고 중세에 대항했다. 그들은 유까딴의 수도원들을 폐지했다. 30개의 수도원이 폐지되고 땅은 새 주지사가 이어받았다. 그러자 200명의 수도사들이 세속으로 돌아갔으며, 지방의 교회들은 더 이상 정치적 힘을 발휘하지 못했다.

아버지의 독립을 이어받은 세대는 새로운 사회를 세우고자 했으나 그리 할 일이 많지 않았다. 피지배계급이었던 마야 원주민들의 노예 노동력을 폐지하자, 아르헨티나(Argentina), 벨리즈(Belize), 쿠바(Cuba)와 경쟁력을 유지할 수 없었다. 그들은 아가베-엔네껜(Agabe-Enequen)[19]의 대량 생산에 초점을 맞추었다. 그리고 1833년 처음으로 상업적인 공장을 세웠다. 1846년에는 수출 품목 2위로 올라섰고, 시살항구는 세계적이 되었다. 이 모든 변화는 유까딴에 라디노 장사꾼 집단을 탄생하게 하였고, 그들은 곧 정치적으로 큰 영향력을 가지게 되었다.

반면 원주민들은 개인 소유에 익숙하지 않았다. 그들은 그들이 심은 것과 수확에 대한 소유는 있었지만 땅은 아니었다. 땅은 혈족이나 공동체에 속했다. 이 공동 소유를 에히도(ejido)라 했다. 새로운 시대의 라디노 입법자들에게는 이 에히도라는 것이 대포만큼이나 시대에 뒤떨어진 것으로 보였고, 슬금슬금 이 에히도를 임대했다. 그리고 1845년, 마침내 마야 원주민들은 자신의 땅에 농사를 짓기 위하여 세금을 내어야만 하게 되었다.

---

18) Hidalgo. 각 지방의 유력자로, 중세시대의 영주와 비슷한 역할을 했다.

19) Agabe, Eneguen. 모두 용설란의 종류이다. 에네껜의 강력한 섬유질 잎은 노끈을 만드는 재료로 사용되었다.

유까딴 주의 이낄(Ikil), 메리다의 북쪽에 있다.

그림 10. 에네껜 농장

그림 11. 대농장에 에네껜을 출하하기 위하여 쌓아놓은 모습. (Ake, Yucatan)

세노떼[20]는 오래전부터 개인의 소유였다. 1830~1940년대에는 물에 대한 권리를 인정했었다. 그러나 1841년에는 이 법을 없앴다. 곳곳에 구멍을 뚫고 물을 꺼내기 시작했다. 원주민들은 자신이 경작하는 땅에도 제대로 물을 댈 수가 없게 되었다. 그러나 그 무엇보다도 에히도의 사유화가 가장 원주민의 기분을 씁쓸하게 했다.

인구가 많아지자 물이 더 필요하고 땅이 더 필요하게 되었다. 사람들이 살지 않던 남쪽으로 영역을 확장했다. 그리고 새로운 시대의 정치와 관계된 도시 이름들이 마구 생겨났다. 바르바차노(Barbachano), 모레노(Moreno), 리브레 우니온(Libre union, 자유 결성), 쁘로그레소(Progreso, 전진), 이뚜르비데(Iturbide), 사발라(Zavala) 등이다.

메리다는 유까딴의 라디노 중심이었다. 산 베니또 성채(fortaleza San Benito)는 마야의 제전중심지인 띠호(T-hó) 위에 세워진 건물이다. 1847년 당시 메리다의 인구는 48,000명, 서쪽의 항구 깜뻬체는 21,000명, 동쪽의 바깔라르는 밀무역의 거점이었다. 북부의 중간지점에 위치한 바야돌리드는 '동쪽의 술탄의 도시'라고 부르며, 이곳의 이달고와 그 자손들인 끄리오요들은 마야 원주민뿐만이 아니라 메스띠소들도 무시했다. 백인과 마야 원주민의 비율은 7:1로 유까딴에서 백인의 비율이 가장 높았다.

식민시대부터 유까딴은 네 개의 무니시빨이 있었다. 1847년 당시에도 대체로 이 경계를 유지하고 있었다. 메리다와 북서쪽, 깜뻬체와 남쪽, 식민화된 곳의 경계들과 바야돌리드였다. 이 네 지역은 살아가는 조건과 주요 산업이 달랐다. 따라서 각각 작은 독립국가처럼 서로의 이해가 달랐는데, 이 지역의 라디노들의 이해관계에 따라 정치적으로 분열되어 갈등을 일으켰다. 이 갈등은 독립시기에 멕시코 중앙정부와 연합 또는 분리로 계속되었다. 라디노들의 정치적 분열은 마야 원주민들에게 자신들의 권리를

---

20) Cenote, 마야어로 '샘'이란 뜻이다. 샘물이 고여있는 곳이다.

말할 기회가 되었다. 유까딴의 4개 계급은 스페인으로부터 직접 온 무리들, 추기경 등의 뻬닌술라르, 유까딴에서 태어난 백인 끄리오요, 백인들과 원주민의 혼혈 메스띠소 또는 물라또 그리고 마야 원주민이다. 메스띠소는 입장이 가장 모호했다. 피는 어머니 원주민, 성은 아버지 스페인으로부터 물려 받았다. 그러나 그들은 유럽복장을 하거나 그런 건물에 들어갈 수 없었다. 어쩌다가 메스띠사(메스띠소 여성)는 끄리오요의 눈에 들어 신분을 승격할 수 있었다. 그러나 메스띠소(메스띠소 남자)에게는 그런 일이 절대로 없었다. 끄리오요와 함께 인구의 1/4을 형성한 메스띠소들은 중간 계급의 일을 했다. 목수, 건축가, 양복쟁이, 목동 등. 그들은 교육도 어느 정도 받았고, 조직을 만들거나 운영하는 것도 알았다. 그들은 이러한 능력으로 해서 '유까딴의 까스따 전쟁'을 이끄는 주축이 되었다.

식민지 시절에 규정된 원주민은 게으르고, 아예 머리가 나쁘게 타고난 사람들이며, 동물에 가까우며, 감시를 하지 않으면 게으르고, 백인들은 죽을 것 같은 햇빛 아래에서도 오랜 시간 동안 일하는 사람들이었다. 그들은 예(si), 아니오(no)를 단정적으로 말하지 않는다. 아마도(quizá), 누가 알아(Quién sabe). 그리고 좋다는 말도 모른다. '나쁘지 않아(no está mal)' 정도로 쓴다. 매우 미신적이고 종교적이다. 그들은 한 해에 번 돈을 결정적인 죄를 가지고 죽지 않기 위해 하나의 종교적 행사에 쓰는 것을 아까와 하지 않는다.

식민지 시대의 원주민 계급이란 말 그대로 머슴이었다. 개인의 사유재산처럼 물려주고, 주인의 허락이 없이는 어디를 가지도, 결혼을 하지도 못했다. 스페인으로부터 독립하면서 원주민들도 자유롭게 되었다. 그러나 조건이 하나 붙었다. "땅의 관습에 따라", 즉 주인과 돌봄을 당하는 자의 관계였다. 관습이란 고치기 어려운 것이다. 더구나 그것이 명령하는 자에게 이로울 때는. 원주민들은 자신의 땅과 물을 얻는 대신에 농장주들을 위해 일했다. 깜뻬체의 나무, 유까딴의 사탕수수와 엔네껜을 대량으로 재배하는 농장주들은 '뻬온나헤(peonaje, 고용인부제도)'라는 것을 고안하여 영원히 빚을 지게 만들었다. 뻬온(고용인부)들의 급여는 너무 적어 미리 농장주들에게 빌린 술, 옥수수 등, 자잘한 생활물품의 빚을 갚을 수가 없었고, 이자에 이자가 붙었다. 그들은 영원히 빚을 갚을 수가 없었고, 심지어 어떤 농장주들은 빚의 목록책자도 없었다. 다만 갚을 수 없는 빚이 있을 뿐이었다. 어떤 인부도 전의 주인 허락 없이 새 일자리로 갈 수 없었다. 그리고 그들의 빚은 자손에게로 전해졌다. 그렇게 유까딴의 새로운 법률은 라디노들에게 에네껜과 사탕수수의 농장을 유지할 수 있도록 지지했다.

다른 한편, 백인은 죄에 대해서 걱정하지 않고 그의 권리를 즐긴다. 원주민과 흑인 여자를 정부로 갖지 않으면 모욕을 당했다고 생각한다. 한 백인 저자는 마야의 공주가 끄리오요와 결혼하여 스페인에서 사는 것을 썼

식민지 시대의 거리와 건축형태를 보여 준다.

그림 12. 바야돌리드의 성당과 거리

는데, 거기서 그는 "원주민은 귀로 듣지 않고 등으로 듣는다"고 했다. 즉 언제든지 등에 채찍을 맞을 준비가 되어 있다는 것이다.

교회는 유까딴 생활에 지대한 영향을 미쳤다. 교회의 권리 말살은 여러 계급에 심각한 영향을 미쳤다. 백인들도 교회에 10%의 의무가 있었지만 1843년에 없어졌다. 정치가들도 여자의 세금부터 없애더니 슬그머니 10% 세를 다 없앴다. 그리고 모든 세를 일률적으로 주 정부에서 걷고 일부를 교회에 주었다. 이리하여 교회의 돈이 약 100만 뻬소가 모자라자 결혼, 세례비를 올림으로써 메웠다. 또 다른 교회의 수입은 원주민들의 '종교적 형제'21)나 '동네 모임'22)의 땅에서 경작된 작물에서 얻는 것이었다. 여기서 지방 사제의 봉급과 마을의 종교적 행사에 필요한 돈을 충당했다. 그러나 당시의 유까딴의 사제 수준은 한심했다. 대부분은 스캔들을 일으키지 않게 계급이 낮은 계층의 정부와 함께 살았다. 띠시민의 신부는 원주민 여자들과의 할렘을 없애는 것을 거절해서 쫓겨났다. 한 술 취한 신부는 원주민에게 안장을 씌우고 박차를 가하며 사제들만이 성스러운 주간, 성자들에 대해 설교할 수 있다고 했다. 그들은 꼬프라디아나 에히도의 땅을 사유화해서 원주민들의 원성을 얻기도 했다.


## 2.2. 노흐까깝의 반란

1841년 메리다의 연방주의자들은 유까딴의 헌법을 선언하며 멕시코에 대하여 완전 독립을 선언했다. 멕시코의 산따아나는 유까딴 정부의 독자적 노선을 군사적으로 진압하려고 멕시코 중앙정부의 군대를 보냈다. 멕시코 중앙정부가 승리하며 1843년 4월에 싸움은 멎었다. 그리고 같은 해

---

21) 스페인어 원문 hermandades religiosas de indios
22) 스페인어 원문 cofradias

12월까지 협약을 진행했다. 유까딴은 1841년의 헌법을 포기하고 중앙정부에 포함되었다. 1821년의 독립선언 이후 흔들리는 식민지 사회의 질서는 이 2년 동안 혼란으로 빠져들었다. 유까딴 반도의 서북부에서는 라디노들의 장원과 교회의 폐해가 혼란한 틈을 타서 더욱 심해졌고, 억압을 감수하던 마야 원주민들은 동요하고 있었다.

1843년 4월, 세마나 산따(Semana santa)[23] 주간에 멕시코 군대가 메리다 시를 포위했을 때, 까스따 전쟁의 전초전이 일어났다. 메리다 관할에 있는 곳으로, 돈 시몬 뻬온(Don Simon Peon)의 우슈말(Uxmal) 장원과 체뚜리스(Chetulix) 장원, 노흐까깝(Nohcacab, 현재의 Santa Elena) 마을에서 일어났다. 노흐까깝과 띠스우아라흐뚠(Tixhualahtún)의 '원주민 공화국'의 임원들이 그 주인공이었다. 띠스우아라흐뚠은 바야돌리드(Valladolid) 관할에 위치했다.

시몬 뻬온은 부유한 가문으로 메리다와 우슈말 사이 거대한 장원들의 주인이었다. 우슈말은 부속건물인 체뚜리스(Chetulix)를 포함한 거대한 장원이다. 대부분은 목축에 사용하고 농사를 조금 짓는다. 마야 원주민들은 주인의 명령 아래서 '빚의 조직'에 잡혀 목축, 농사, 가사, 모든 종류의 노동을 했다. 이 마을에는 식민지 시절 말부터 약 7,000명이 '계급' 아래서 살고 있었다. 뻬닌술라르, 끄리오요, 물라또와 메스띠소이다. 대부분의 인구는 자유로운 노동자들이고, '하루 노동자'[24]와 수공업자가 조금 있었다. 띠스우아라흐뚠은 바야돌리드에 가까이 있었다. 바야돌리드는 시정과 종교의 중심지로, 백인 순수 혈통에 집착했다. 그들은 도시 중심에 원주민과 메스띠소를 들어오지 못하게 했다.

---

23) Semana santa, "성스러운 주간"이란 뜻의 스페인어 기독교의 부활주간에 해당한다.

24) jornalero, 매일 임금을 받는 노동자를 말한다.

노흐까깝의 바땁인 아뽈로니오 체(Apolonio Che)는 서기와 '원주민 공화국'의 임원들과 함께 21뻬소를 깜뻬체 광장에 있는 군대를 맡고 있는 감보아(Pastor Gamboa) 대령에게 가져가고 있었다. 가는 길에 있는 떼나보(Tenabo) 마을에서 라우레아노 아반(Laureano Abán)을 만났다. 그는 띠스우아라흐뚠(Tixhualahtún)의 바땁으로, 자신의 부관과 알깔데들, 그리고 25~30명 정도의 원주민과 함께 역시 감보아에게 생필품을 주러 가고 있었다. 노흐까깝의 사람들은 감보아에게 돈을 전하며, 그들에게는 이제 먹을 것이 없다고 했다. 감보아는 그들에게 두 마리의 짐승을 내주고, 나중에 주인이 빚을 갚도록 값을 적었다.

두 '원주민 공화국'의 사람들은 함께 돌아오면서 노흐까깝 마을의 우슈말과 체뚜리스 장원을 습격할 계획을 세웠다. 그리하여 체(Che) 바땁이 앞장서서 우슈말로 가다가 옥수수를 실은 말 12마리를 몰고 가는 마부들을 만났다. 우슈말에서 깔끼니(Calkini)로 가는 중이었다. 옥수수를 차압하고 그들을 우슈말로 돌려보냈다. 4월 10일, 월요일이었다. 그리고 우슈말로 가서 아파서 누워 있던 작업반장 펠릭스 까스띠요(Felix Castillo)를 끌어내어 바닥에 동댕이치고 열쇠를 빼앗았다. 금고에서 60뻬소를 꺼내고, 옷과 책, 종이, 접시들을 다 부수었다. 그날에 먹기 위해 동물 두 마리를 죽이고 6포대의 옥수수를 풀었다. 노흐까깝의 바땁은 마을로 가서 각 구역의 원주민 대표들에게 옥수수와 고기를 가지러 가라고 말했다. 그는 감보아 대령이 체뚜리스 장원을 부수라고 구두로 명령했다고 했다.

다음 날 새벽, 화요일에 바땁과 젊은이, 늙은이, 어린이와 여자가 낀 군중이 우슈말에 닿았다. 체는 곡식 창고를 열고 옥수수를 나누었다. 노흐까깝 마을의 사람들뿐만이 아니라 소식을 듣고 온 지발체(Dzibalché) 마을 사람들과 옥수수를 빌리는 것을 허락한 뻬온의 증서를 갖고 온 사까룸(Sacalum) 사람에게도 나누어 주었다. 이날만 해도 50마리의 동물을 죽여서 사람들에게 나누어 주었다. 게다가 소들을 끌고 나와 노흐까깝의 이웃에게 팔기도 했다. 그리고 옥수수를 마을의 공공의 집에 가져갔다. 띠스우아라흐뚠 공화국의 사람들도 옥수수를 팔고, 10포대는 마을로 가져갔다. 이틀 동안에 약 천 포대의 옥수수와 200마리의 소를 잡아먹거나 집에 가져갔다.

바로 그 화요일에 우슈말 장원에서 소를 관리하는 바실리오 꼬이(Bacilio Coyi)를 잡았다. 아마까(Hamaca)[25]의 고리에 걸고 채찍으로 12~15대를 때리고 하루 종일 걸어 두었다가 밤에 장원의 예배실로 끌고 갔다. 거기서 그는 죽었다.

같은 화요일에 띠스우아라흐뚠의 바땁 라우레아노 아반은 4명의 원주민에게 포로들을 맡기고, 그의 '원주민 공화국' 임원들과 함께 체뚜리스 장원으로 가서 5마리의 노새, 10마리의 말을 끌어내고 여러 동물들을 죽이는 등, 약탈을 계속했다.

수요일에 띠스우아라흐뚠(Tixhualtún)의 대표들 중의 하나인 도밍고 껜(Domjngo Cen)이 우슈말에 도착했다. 그에게도 6포대의 옥수수가 체뚜리스로부터 보내졌다. 그때에 현장감독 까스띠요의 아내의 부탁으로 로메로(José Antonio Romero)가 무나(Muna)로부터 왔다. 껜은 로메로도 잡아서 꼬이와 같은 감옥에 넣으라고 명령했다. 그리고 오전 11~12시경에 껜은 현장감독 까스띠요가 있는 방에 들어섰다. 돈 시몬 뻬온이 어디에 머물고 있는지 물었다. 자신은 모른다고 대답하고 목숨을 구걸하자 껜은 자신의 마체떼로 그를 여러 번 내려쳤다. 그리고 시체를 감방 앞에 던졌다. 그리고 동료 이짜(Yza)와 껩(Keb)에게 머리를 자르라고 했다. 자신은 시체의 성기를 잘랐다. 그리고 꼬이와 로메로가 있는 방으로 가서 역시 마체떼를 휘두르고, 이짜와 껩은 머리를 자르고 자신은 성기들을 잘랐다. 장원의 한 구석에 그들의 시체를 집어던지고 그들은 체뚜리스에 있는 바땁과 만나기 위해 갔다.

---

25) hamaca. 더운 지방에서 사용하는 그물침대이다. 유까딴에서는 방마다 벽에 아마까를 거는 고리가 붙어 있다.

장원에서 이 일이 벌어지고 있는 동안 150명의 원주민들을 이끌고 온 노흐까깝의 바땁은, 서열 두 번째 알깔데 에스떼반 메디나(Esteban Medina)에게 두 명의 여권을 요구하고 있었다. 그는 메리다로 옮긴 감보아 대령에게 옥수수와 가축들을 날라야 한다고 했다. 그리고 우슈말에 잡혀 있는 두 명의 '중앙집권주의자', 까스띠요와 꼬이를 데려갈 허가서를 요구했다. 알깔데는 아직 그들이 죽은 것을 몰랐다. 알깔데는 바땁 체 때문에 온 동네가 난리였으므로 거절할 수가 없었다.

그날 오후 체뚜리스에 있던 사람들이 노흐까깝으로 왔다. '노흐까깝 공화국'의 부관인 후안 호세 집(Juan Jose Dzib)의 집에서 잤다. 밤에 체는 우슈말에 있던 4명의 경비원들이 보낸 편지를 받았다. 알깔데가 그들이 죽은 것을 알았다는 내용이었다. 소식을 받자 그의 공화국 사람 두 명과 띠스우아라흐뚠의 사람들을 모았다. 일부는 장총으로 무장했다. 그들은 다시 시장 앞에 섰다. 무나(Muna)의 알깔데들을 막기 위하여 우슈말로 백인들을 보내라고 주장했다. 당시 우슈말은 무나 관할에 있었다. 알깔데는 그들의 반란에 협조하는 척하며, 백인들을 보내겠다고 했다. 그런데 원주민들이 갖고 있는 총탄과 총알을 백인들에게도 주어야 한다고 했다. 체는 곧 그가 갖고 있는 총과 탄약의 반, 그리고 집에 있는 것을 주었다. 원주민들 앞에서 12~15명의 백인들이 무장하자 시장은 재빨리 체를 감옥에 잡아넣었다. 그리고 까스띠요, 꼬이, 로메로를 죽인 도밍고 껜(Domingo Cen)을 비롯한 7~8명의 '동쪽사람'[26]들도. 그러나 바로 그 밤에, 바로 바땁 체의 명령으로 400명 이상의 원주민들이 그들의 석방을 요구하며 몰려들었다. 그들은 경비원을 비웃으며 감옥을 빠져나왔다.

그리고 집(Dzib)의 집으로 가서 준비하고 무나(Muna)로 가는 길에 있는 체뚜리스(Chetulix)로 향했다. 장원은 목요일 내내 들끓었다. 그날 밤 다시

---

26) orientales로 표현하였는데, 유까딴 반도의 동쪽에 살고 있던 마야 사람들로, 스페인 문명화된 서북쪽에 살고 있는 마야 사람들과 구별했다.

집에게 돌아온 체는 감보아에게 보내는 '공식적인 보고서(acta)'를 썼다. "세 명의 중앙집권주의자들이 '동쪽사람들'을 모두 죽였다"고. 그 다음 날 옥수수와 돈을 메리다의 감보아(Pastor Gamboa) 요새로 가지고 갈 준비가 되었다. 그는 상황을 지배한다는 생각이 들었다. 그는 알깔데 메디나에게 우슈말 장원을 지킬 네 사람을 정하라고 했다−특별히 옥수수와 말들을. 그러나 동물을 죽이고 고기를 가지고 갈 사람들이 온다면 허락하라고 했다. 그리고 50여 명의 노흐까깝의 원주민들을 이끌고 메리다로 향했다.

띠스우아라흐뚠의 사람들은 자신들의 마을로 향했다. 노흐까깝을 떠날 때 몇몇의 원주민들이 모여서 그들이 떠나가는 것을 보았다. 바땁 아반(Abán)은 사람들이 그 마을의 '백인'들의 수를 줄여 달라고 부탁하는 것을 들었다. 아반 바땁은 15일 후에 돌아와서 하겠다고 했다. 그러나 체는 메리다에 도착하지 못하고 사깔룸(Sacalum) 근처에서 약탈을 하다가 마을의 경찰 서장이 보낸 사람들에게 잡혔다.

감보아 내령이 농상의 약탈을 지시한 증거는 찾지 못했다. 아뽈로니오 체는 모든 것은 그의 의지로 한 것이라고 했다. 농장에서 두 마리의 동물을 잡아, 한 마리는 자신들이 갖고, 다른 한 마리는 농장에서 주급을 받는 사람들에게 나누어 주었다고 했다.

띠스우아라흐뚠(Tixhualahtún)의 아반 바땁은 언제나 그의 행동을 체 바땁의 비준을 받았다고 하고, 체는 감보아가 명령을 했다고 했다.

마뽈로니오 체에게는 농장의 학살, 주변 마을을 부추기고, 소란을 피운 죄목이 씌워졌다. 라우레아노 아반에게도 비슷한 죄목을 씌웠다. 띠스우아라흐뚠의 원주민 도밍고 껜(Domingo Cen)도 같은 죄목을 받았다. 그는 군인들이 왔을 때 술에 취해 있었다.

노벨로(Vincente Solís Novelo) 판사는 '징벌의 예'를 보여 주기 위해 세 명 모두를 처형하는 것이 필요하다고 말했다. 특히 체는 '사회질서'를 교

(Stephens 1988: 146)

그림 13. 노흐까깝 마을. 프레데릭 캐서우드 그림

란시켰으므로 처형 후, 그의 목을 노흐까깝의 공개 장소에 전시하여야 한다고 했다. 그들에게 협조한, 노흐까깝의 안드레스 축(Andres Chuc), 네 명의 경비원을 죽인 띠스우아라흐뚠의 바땁 부관 후안 바우띠스따 꾸욕(Juan Bautista Cuyoc)과 두 명의 알깔데 루시아노 집(Luciano Dzib)과 그레고리오 껜(Gregorio Cen), 노흐까깝의 이웃 호세 안또니오 껩(Antonio Keb) 등, 다섯 명도 죽음 또는 사형 다음으로 무거운 10년 형, 최소한 8년 형은 되어야 한다고 했다. 더불어 협조한 12명에게도 협조의 정도에 따라 2~6년 형, 함께 있었던 다른 10명은 3개월의 징역을 요구했다.

그들의 변호자들이 법정에 들어섰다. 첫 번째로 그들의 과격한 행동은 당시의 유까딴 반도를 휩쓸고 있는 '나라'를 위한 전쟁의 영향을 받았기 때문이라고 했다. 두 번째로는 그들은 감보아의 명령을 어리석고 무지하게 수행했는데, 원주민들의 어리석음과 무지함은 이미 잘 알려져 있다고 했다. 세 번째는 위와 비슷한 논리로, 너무나 멍청하기 때문에 이미 일을 과격하게 흘러갈 때에도 교정할 판단력이 없기 때문이라고 했다. 그리고 체는 노흐까깝과 띠스우아라흐뚠에 필수품 자체가 거의 없는 상황에 대해 역설했다.

결과적으로 직접적으로 살해한 도밍고 쩬(Domingo Cen)은 1845년 1월 4일에 총살되었다. 나머지는, 주지사의 은사로, 한쪽에는 족쇄, 다른 한쪽에는 쇠고랑을 차고 10년을 복역하도록 했다.

노흐까깝에서 반란이 일어난 이유는 원주민들이 '어리석고 무지하기' 때문이 아니었다. 끄리오요들은 애써 진실에 대해 눈을 감았다. 그것은 식민지 시대부터 내려와서 끄리오요들에게 전해진 폭력, 즉 끄리오요와 원주민 계급 사이의 오래된 반목의 결과였다. 특히 노흐까깝의 란초 및 장원과 그들의 관할 지역에서 이루어진 권력의 남용에 대해서 저항한 것이었다. 소위 '평화'의 판사, 무니시빨의 알깔데, 장원의 주인과 백인들이 바로 권력을 앞세워 원주민들을 절망적인 상태로 몰아넣은 자들이었다. 아래의 사건들이 그것을 말해 준다.

1831년, 노흐까깝에 연결된 란초 까우일(Kauil)과 착(Chac)의 알깔데들인 마르꼬스 박(Marcos Bak), 안드레스 야(Andrés Yah), 시몬 욱(Simón Uc), 떼오도로 꼬꼼(Teodoro Cocom), 빠블로 까눌(Pablo Canul)과 이그나시오 꼬이(Ygnacio Coyi)는 주지사에게 '평화의 판사' 빅또리아노 마차도(Victoriano Machado)의 폭력에 대해 고발했다.

내용인즉, 띠꿀(Ticul) 지역에서 그 전해의 교회세가 밀렸으니 호세 가리도(Juan José Garrido) 신부를 위해 개인당 16메까떼의 밀빠를 경작하고, 또한 각 개인의 가족들은 올해의 세금에 해당하는 일을 하라는 것이다. 고발자들에 의하면, 밀린 세금을 갚기 위해서는 신부가 말한 것처럼 부부당 1.5레알이면 족하다는 것이다. 그런데 그 신부는 자신이 말한 것을 부정하고 한 사람당(남, 녀) 1레알을 내어야 한다고 했다. 그리고 1월, 9월, 11월을 제외하고, 매년 계속적으로 나머지 달의 세금을 내어야 한다고 했다.

재판의 결과 주정부는 신부와 '평화의 판사'의 손을 들어 원주민들은 교구가 명령한 것을 따라야 한다고 선포했다.

이러한 사건은 1832년, 1835년, 1841년에 계속되었다. 특히 1841년에는 노흐까깝 '원주민 공화국'의 임원들인 까를로스 에우안(Carlos Euán), 루까스 껩(Lucas Keb), 후안 산또스 에우안(Juan Santos Euán), 에스떼반 발람(Esteban Balam), 야리오 꼬이(Ylario Coyi), 야리오 이 바시리오 우스(Ylario y Bacilio Us)가 약스체(Yaxché) 농장의 주인인 마누엘 끼하노(Manuel Quijano)를 고발했다. 그들에 의하면 끼하노는 산호세(San josé)의 공동지의 세노떼를 불법으로 개인 소유로 하고 있다는 것이다. 공유지에 있는 이 우물은 이미 1821년 3월에 판 것이었다. 그런데 약스체의 전 주인인 훌리안 몰리나(Julian Molina)가 5년 전부터 한 사람당 일 년에 4레알을 요구했다. 처음에는 원주민들이 저항했으나, 물이 필요했으므로 할 수 없이 내었다. 그런데 1841년 2월에 가뭄이 심해지자 현재의 주인인 끼하노가 사람당 1뻬소를 요구했다. 우물이 그의 사유지 안에 있다는 것을 증명할 수 없었음에도 불구하고. 주지사는 사람을 보내어 조사했다. 우물은 공유지에 위치했다. 그리하여 끼하노의 요구가 부당하니 더 이상 사용료를 받지 말라고 했다. 그러나 끼하노는 증거가 있다면서 습격했다. 바땁 아뽈로니오 체는 반란으로 대답했다.

1843년에 일어난 반란들은 유까딴 반도 전체에 영향을 주었다. 원주민과 그들의 바땁에 대하여 끄리오요의 경계심과 공포가 커졌다. 원주민들은 1812~1814년 헌법에 제시되었던 자신들이 누릴 수 있는 자유에 대한 권리를 다시 생각하고 있었다. 그 권리는 1820~1821년의 헌법으로 잠자고 있었지만, 마야 원주민들의 동요는 마을의 식민지 엘리트들을 붕괴시키기

그림 14. 세노떼(Cenote). 지표면에 있을 때는 물을 쉽게 얻을 수 있다. 샘이 깊어 우물의 형태
일 때에는 두레박으로 물을 긷는다.

일보 직전이었다. 농장의 주인인 농촌의 엘리트들은 그의 농장이 반란군
들에게 포위되었다고 느꼈다. 그리하여 1843년 세마나 산따(Semana Santa)
에 일어났던 노흐까깝 반란은 끄리오요들이 느끼는 바땁에 대한 반감을
더욱 크게 만들었다. 끄리오요들이 잠재적인 원주민 지도자들을 무자비하
게 억압하는 사건들이 줄을 이었다.

1843년 12월, 호아낀 까스떼야노가 아깐께의 바땁 도로떼오 얌(Doroteo
Yam)을 사회질서를 위협하고 손상을 일으킨 '사악한 성격'을 가진 사람이
라고 고발했다. 그는 감옥에 갔다.

1844년 9월에는 까나신(Kanasin)의 농장주가 바땁 루이스 바스(Luis
Baas)를 '평화의 판사'에 출석할 것을 요구했는데, 무장한 손으로 저항했
다고 고발했다. 그가 반란을 기도하고 있었다는 것이다. 그는 감옥에 가고,
소송비용을 무는 것으로 그의 무죄를 증명하여야만 했다.

이러한 원주민 지도자에 대한 끄리오요의 우려를 가장 극심하게 나타

나는 사건이 바로 까스따 전쟁을 일으키게 되는 아이(Manuel Antonio Ay)
의 처형이었다.


## 2.3. 전쟁의 발발

### 2.3.1. 독립 당시의 경제사정

식민지 시대의 유까딴 반도는 다른 지역에 비해 가난했다. 광물자원이
없고 농산물에 의존하고 있었기 때문이었다. 유까딴 반도의 가장 큰 자원
은 오래전부터 살고 있는 원주민들이다. 엔꼬미엔다(enconmienda)와 부당
하게 높은 세금(tributo)을 통해 그리고 뻬온 조직(el sistema de peonaje)으로
스페인 사람들은 노동력의 문제에서는 마르지 않는 샘을 갖고 있었다.

원주민들에게 정복은 혼혈, 그들의 문화, 그들의 믿음, 생활양식, 관습
등의 파괴의 시작이며 자유와 그들의 땅을 잃어버리는 것이었다. 원주민
들은 정복자의 착취에 대항하여 반란을 일으키거나 그들을 피하여 동쪽과
남쪽에서 숨어서 살았다. 오랫동안 그들이 은거하고 있던 마을에 백인들
의 손이 미치지 못했다. 다른 한편 반도의 북쪽과 서쪽 해안은 정복되어
혼혈의 고통을 받았으나, 정복자들이 사는 구역과 멀리 떨어져 있는 관계
로 한동안은 자유롭게 그들의 생활양식을 유지할 수 있었다. 그러나 마을
의 땅과 왕족의 땅을 개인 소유로 할 수없는 법률에도 불구하고 이미 그
런 일을 하고 있었던 정복자들의 손아귀를 영원히 벗어날 수는 없었다.

18세기부터 땅을 개인 소유화하는 현상이 광범위하고 빠르게 진행되었
다. 그리하여 원주민이 '노동력'27)으로 전락하는 현상은 독립과 함께 더욱

---

27) 스페인어 원문 fuerza de trabajo

빠르게 진행되었다.

　식민지 시절의 마지막 40년간, 목축은 유까딴의 주된 수출 품목이었고, 쿠바는 소고기 및 다른 목축품의 가장 중요한 시장이었다. 대부분의 목축 농장은 북서부, 메리다 근처에 있었다. 목축의 특성상, 동물들이 자라고 살찔 시간이 필요했기 때문에, 이런 농장에서 일하는 마야 사람들은 한 해 동안 자신들이 먹을 것을 경작하기 위한 시간이 충분했다.

　1821년, 유까딴이 멕시코의 다른 지방과 함께 독립을 쟁취하자, 그때까지 스페인 식민지였던 쿠바에 생산품을 팔 권리를 잃어버렸다. 동시에 설탕과 론28)도 수입할 수가 없었다. 결과적으로 목축에 투자되던 돈이 설탕의 생산으로 갔다. 그러나 땅에 영양이 풍부하지 못하고 비가 적은 이 지역은 사탕수수의 재배에 적합하지 못했다. 괜찮은 땅은 유까딴의 동쪽과 남쪽에 있었는데, 이 지역의 마야 사람들은 노동자나 빚쟁이로 농장에 묶여 있지 않았다. 이 땅은 독립 전에는 스페인에 속해 있으며 대농장(plantation) 형태의 농업에 종사하고 있었다. 1825년에 이 땅을 쉽게 얻을 수 있도록 하는 법령이 발표되자, 동쪽과 남쪽에 사람이 많이 살기 시작했다. 19세기 중반까지도 끊임없이 법이 바꾸어지고 정치적 이해가 충돌했다.

　사탕수수 외에도 담배 및 에네껜(enequen)이 대규모의 농장에서 생산되기 시작했다. 이제 장원(hacienda)과 농장(rancho)이 원주민이 일할 수 있는 가장 기본적인 곳이 되었다. 원래 마야 사람들은 '나무 자르기-풀 자르기-태우기(tumba-roza-quema)'에 기초한 농업을 하였는데, 단일 작물을 대규모로 매년 수확하자 지력이 금세 나빠졌다. 그럼에도 불구하고 매일 경제학자들과 언론은 원시적인 농경방법과, 사탕수수농장에서 도망가는 일꾼들을 비난했다. 그리하여 유까딴 행정 권력은 농장에 마야 사람들을 잡아 놓는 법을 공표했다. 정복자가 갖고 있던 경제-사회질서와 사고방

---

28) Ron, 쿠바의 술

식은 이제 끄리오요에게 그대로 전해졌다. 유까딴의 사회는 여전히 계급으로 나누어져 있고, 백인들에게 마야 사람들은 그들의 의지에 관계없이 마음대로 할 수 있는 존재였다. 즉 경제－사회적인 관점에서 보면 1847년의 폭발은 시대가 바뀌었음에도 불구하고 스페인 정복 아래에 있던 시대의 계급구조가 유지된 것과도 깊은 연관이 있다.

다른 한편, 대농장에서 일을 하지 않는 마야 사람들의 생활도 바뀌었다. 사탕수수 농장이 진출하여 기름진 땅을 차지하는 영역이 넓어지면서 마야 사람들은 점점 더 숲속으로 쫓겼기 때문이다. 그들은 끄리오요의 세계에 포함되지 않고 자유롭게 살았으나 이제 그들이 사는 영역은 점점 줄어들고 있었다.

이렇게 까스따 전쟁의 조건이 준비되기 시작했다. 까스따 전쟁은 스페인의 지배 아래서도 비교적 자유를 누리던 반도의 동쪽에서 시작되었다. 1847년에 반란을 일으킨 마야 사람들은, 유까딴 북서쪽의 농장의 사람들이 아니고 바로 이들이었다.

## 2.3.2. 독립 당시의 정치적 사정

1821년 스페인으로부터 독립을 하게 되자 유까딴의 정치 세력은 두 파로 갈라졌다. 멕시코에 포함될 것인가, 유까딴의 자치를 추구할 것인가. 그러나 독립의 주체인 멕시코 정부는 유까딴을 포함시키는 것으로 방향을 잡았다. 멕시코에 포함되기를 원하는 사람들은 중앙집권주의자(centralista)로, 유까딴의 자치를 원하는 사람들은 연방주의자(federalista)로 분리되었다.

1835년, 연방주의자였던 산따아나는 대통령으로 선출되자 중앙집권주의자로 입장을 바꾸고, 자신의 각료들을 임명했다.

한편, 대부분이 상인들인 유까딴의 정치가들은 1827년 이래 적어진 세금으로 즐거워했다. 그러나 1837년이 되자 사정이 달라졌다. 멕시코는 유까딴에 세관을 설치하고 십분의 일 세를 걷었다. 멕시코 중앙정부가 미국과의 전쟁에서 텍사스를 잃은 손실을 메우려는 것이었다.[29] 거기다가 텍사스와의 전쟁에서 잃은 군인들을 메우기 위하여 유까딴 사람들을 종군하도록 불렀다. 그때까지 유까딴의 마야 원주민들은 전혀 무장을 하지 않고 있었다. 그들의 대부분은 농장의 일꾼이었고, 수공업 또는 각자 사는 곳에서 여러 잡일에 종사하는 사람들이었다. 그런데 그들에게 무기를 줄 뿐만이 아니라, 유까딴 밖으로 나갈 일이 없었던 그들에게 멕시코의 다른 주로 나가기를 종용했다.

1838년 5월, 중앙집권파의 군대가 이사말(Izamal)에서 연방주의를 지향하는 자들의 음모를 발견했다. 띠시민(Tizimin) 출신의 산띠아고 이만 대장이었다. 그들은 전쟁위원회에 그를 고발하였고, 그는 10개월 동안 감옥에 갇혔다. 그러나 그 후에 띠시민으로 돌아와서 연방주의를 천명했다. 그리하여 깜뻬체에 주둔하고 있던 멕시코의 군대가 이만의 반란을 진압하기 위해 왔다. 그는 에스삐따(Espita)에서 쫓겨 해안으로 도망갔다. 멕시코 군인들은 그가 숨어 있는 농장까지 쳐들어왔다. 그는 찬세노떼(Chancenote)까지 쫓겨났다. 그러나 휘하의 세띠나(Jose Dolores Cetina)의 도움으로 재정비하여 1839년 11월에 자신의 고향인 띠시민(Tizimin)을 탈환했다. 그렇지만 멕시코 군이 또다시 밀려오자, 이만도 다시 숲으로 도망하여 숨었다. 바야돌리드에 200여 명의 수비대를 남기고 멕시코 군대는 깜뻬체로 되돌아갔다. 이만은 체막스(Chemax)에 숨어 지내면서 그를 도와주면 종교세(obvención)를 면제해 주겠다는 조건으로 지역의 원주민들을 모았다. 반응은 기대 이상이었다. 천 명이 넘는 사람들이 순식간에 모였다. 이만은 이들을 이끌고 전쟁에 나섰는데, 이것이 원주민이 백인들의 전쟁에 처음으로 가담한 것이었다.

---

29) 1846년에 일어난 전쟁으로, 멕시코는 텍사스, 뉴멕시코, 캘리포니아를 미국에 내주었다.

이만은 체막스를 탈환하고 메리다와 깜뻬체에 있는 연방주의자들에게 연락했다. 비또 빠체꼬(Vito Pacheco), 빈센떼 레비야(Vincente Revilla), 빠스또르 감보아(Pastor Gamboa)가 주위에 모였다. 그들과 함께 시살(Sisal)을 공격하고 바야돌리드로 전진했다. 200여 명의 멕시코 군사들은 도망하기에 바빴다. 이만은 바야돌리드를 점령했다. 1840년 2월 12일 이만은 그의 혁명 공약을 선포했다:

- 싸움의 목적은 1825년 지방 헌법을 다시 세우는 것이다.
- 1834년에 중앙집권주의자들에게 밀려난 정부를 선출을 통하여 다시세운다.
- 원주민 남자와 여자들에게 지워진 종교세를 모두 없앤다. 대신에 현금으로, 매달 1레알씩 원주민 남자들만 낸다.

1840년 2월 18일, 메리다의 산 베니또의 공직자들과 시민들은 이만의 바야돌리드 선언(acta)을 인정할 뿐만 아니고, 더 나아가 유까딴의 독립을 선포하려고 모였다. 그런데 유까딴 정부의 공직자 중에는 많은 사람들이 연방주의와 중앙집권주의를 넘나들고 있었다. 예를 들면, 예르고(Sebastián López de Llergo)는 중앙집권주의자로 1834년에 연방주의자들을 물리친 바 있었지만, 이제는 연방주의자들을 이끌고 깜뻬체와 메리다의 여러 마을을 점령했다.

2월의 마지막 날, 연방주의자들의 의회와 주지사는 1825년의 헌법을 채택하고 유까딴의 독립을 선언했다. 그리고 주의 공직자들을 선출했다. 주지사로 깜뻬체 출신의 50세의 산띠아고 멘데스(Santiago Mendéz)를 만장일치로 선출했다. 그는 중앙집권주의자들을 물리치는 데 앞장섰으며, 연방주의자였고, 탁월한 정치가였다. 부지사는 깜뻬체 출신으로 스페인에서 교육받고, 이제 막 메리다(Merida)에 돌아온 당시 34세의 미겔 바르바차노(Miguel Barbachano)였다.

1840년 6월, 중앙집권주의자들은 깜뻬체로 물러났다. 그리고 같은 해 여름, 주의회는 이만의 선언을 다시 확인하고 14~60세 사이의 남자원주민에게만 세금을 부여했다. 결과적으로 매년 한 가구당 9.5레알의 세금이 줄었다. 그럼에도 불구하고 불평은 늘어갔는데, 징병에 응한 원주민들은 좀 더 많은 세금감면을 기대하였던 것이다.

1841년 3월, 1825년의 헌법을 재정비했다. 가장 중요한 것은 모든 유까딴의 사람들을, 원주민을 포함하여 시민들로 인정하고, 상하 양원을 투표하여 선출하는 것이었다. 의원, 주지사, 외교관 모두 선출하는 것이다. 거기에 종교의 자유도 보태었다. '예배 의식의 자유(libertad de cultos)'를 인정하고, 이전에 가톨릭 사제에게 인정하였던 특권을 취소했다. '다른 예배 의식'을 인정한 것은 유까딴 반도 동부로부터의 이민을 증진시키기 위해서였다. 이어서 유까딴 사람들은 새로운 청사를 단장하고 녹색의 바탕에 다섯 개의 흰 별을 그린 깃발을 달았다.

여기서 처음으로 띠호수꼬의 정당이 정치적으로 주의를 끌었다. 띠호수꼬는 중앙집권주의자들이 지배적인 까베세라(cabecera) 마을이었다. 중앙집권주의자들은 안또니오 뜨루헤께(Antonio Trujeque)를 앞세워 비또 빠체꼬(Vito Pacheco)와 하신또 빠뜨(Jacinto Pat)가 지지하는 연방주의자들과 맞섰다. 선거날에 빠뜨(Pat)는 1,000명의 원주민 투표자들을 이끌고 나타났다. 연방주의자들은 투표에서 승리했다.

그사이에 멕시코의 대통령인 부스따만떼(Bustamanete)는 연방주의자들인 반란군들을 해적으로 규정하고 깜뻬체와 시살의 항구를 닫았다. 그리하여 멕시코의 항구들과 직접적인 장사는 약간 영향을 받았지만, 외부와의 교역에는 전혀 영향을 끼치지 못했다. 그러나 이 선언은 유까딴의 정치적 결정에 영향을 미쳤다. 유까딴 정부는 안전을 높이기 위해 막 독립한 텍사스에 접근했다. 텍사스와 전적으로 동맹을 맺는 것을 하지 않더라도,

유까딴은 멕시코에 대해서 독립을 선언하고 난 뒤에 텍사스로부터 작은 배 한 척이라도 도움을 얻을 수가 있을 것이었다.

1841년 이 선언은 하원을 통과하고 상원으로 갔다. 여기서 차이가 나타났다. 멘데스는 유까딴이 자주권을 갖지만, 멕시코 연방으로 있는 것을 선호했다. 그의 상업은 대부분 멕시코의 항구와, 특히 베라끄루스와 연관이 있었다. 독립은 멕시코와의 관계에 문제가 생길 것을 의미했다. 반면 바르바차노는 완전한 독립을 원했다. 그는 대체로 메리다 사람들, 특히 젊은이들의 지지를 받았다. 상원은 결정을 미루었다.

부스따만떼의 정부가 계속 불안하자 산따아나는 다시 임시정부의 수반이 되었다. 그는 텍사스와 유까딴의 긴밀한 관계에 분개했다. 그는 유까딴 출신의 안드레스 낀따나로(Andres Quintana Roo)를 유까딴으로 보냈다. 오랜 협상 끝에 다음과 같은 조건으로 협약이 이루어졌다:

- 유까딴은 근본적으로 유까딴 정부의 관할 아래에 있다. 유까딴의 군대 징집과 주둔(그 어느 곳에서도 의무사항은 아니다), 조세부담률(grávamenes arancelarios)과 세관의 세(la renta de las aduanas)도 자율적으로 결정한다.
- 모든 멕시코 항구에서의 자유로운 상업을 약속한다.
- 멕시코 공화국에 대한 부담은 전적으로 유까딴이 결정한다.

유까딴 의회와 중앙정부는 이 협약을 곧 비준하고 유까딴은 다시 멕시코의 일부가 되었다. 그러나 낀따나로 다음에 온 멕시코 사절은 다른 조건을 달았다. 멕시코 임시정부와 산따아나를 인정할 것과 새로운 나라를 세우기 위한 멕시코 의회의 결정을 받아들일 것, 텍사스와의 모든 관계를 끊을 것이었다.

그림 15. 아시엔다(hacienda, 대농장)의 고용주와 일꾼이 만나고 있다. 유까딴, 뻬오띨다스 (Peotildas)(www.flickr.com/mexico).

### 2.3.3. 멕시코 정부의 반격

유까딴 의회가 부결하기 전에 산따아나는 전쟁을 준비했다. 유까딴은 멕시코 정부의 주둔군에게 머무를 장소로 황무지를 내주었다.

1842년 8월, 멕시코 군대는 라구나 데 떼르미노스(Laguna de Términos)의 까르멘(Carmen)을 점령했다. 그리고 다른 한 부대는 북쪽으로 진격하기 위하여 참뽀똔으로 갔다. 11월 초, 베라끄루스에서 더 합류했다. 군인은 모두 6,000여 명이었다. 산따아나가 텍사스를 공격할 때와 거의 같은 병력이었다.

멘데스는 바르바차노에게 주지사를 넘기고 깜뻬체를 방어하기 위해서 갔다. 유까딴 군대는 4,500명이었는데, 정규군은 650명밖에 안 되었다. 나머지는 전혀 경험이 없는 자들이 대부분이었고, 반도의 동쪽에서 온 지원자들도 있었다. 그들의 대부분은 원주민으로, 다시 감보아(Gamboa), 레비야(Revilla), 빠체꼬(Pacheco)가 이끌었다. 떼삐츠(Tepich)의 세실리오 치(Cecilio Chi)가 마지막으로 합류했다.

첫 번째 공격은 감보아(Pastor Gamboa)가 비정규 군인인 동쪽 사람들을 이끌고 레르마(Lerma)에 가서 정세를 보는 것이었는데, 그는 이 기회에 더 남쪽으로 가서 매복하여 마을로 들어오는 멕시코 군대를 괴롭혔다. 그래서 멕시코 군대는 혼란스러운 상황으로 깜뻬체에 도착했다. 그런데 깜뻬체를 향해 진군하던 유까딴 군대가 물러섰다. 지휘자는 레무스(Pedro Lemus)였다. 그 기회를 타서 멕시코 정부군이 깜뻬체를 점령했다. 깜뻬체 주정부는 레무스의 직위를 해제하고 예르고(Sebastian López de Llergo) 대령을 임명했다. 레무스는 유까딴에서 추방당했는데, 이후 멕시코 군에 합류했다.

깜뻬체는 식민지 시절에 요새로 만든 곳이다. 포위된 자와 포위자들은 3개월 동안 공방전을 펼쳤다. 깜뻬체 해안의 물 깊이는 대체로 얕아서 멕시코만에서 물자를 싣고 온 배가 들어올 수 없었다. 게다가 멕시코 군대는 현지에서 물자를 조달할 수가 없었다. 깜뻬체 사람들의 주거지는 약간 높은 곳에 있어서 멕시코군대의 움직임이 쉽게 노출되었기 때문이다. 멕시코에서 물자가 오기만을 기다릴 수 없어, 멕시코 군대는 물자를 얻기 위해 포위를 풀고 치나(Chiná) 마을을 공격하였다. 그리고 둘 다 물러섰다.

전쟁의 비용은 올라갔다. 1843년 3월, 유까딴 의회는 16세 이상 남자 한 명에 한 달에 4레알, 원주민 남자들에게는 2레알의 세금을 부과했다. 유까딴의 부자들은 즉각적으로 돈을 내어야만 했다. 바르바차노는 스스로의 무기를 가지고 군대에 오는 원주민들에게 시민적 및 종교적 부담금을 면제하겠다고 선언했다. 1,000명의 군인과 6,000명의 후방 지원대가 모였다. 징병자들은 원주민과 메스띠소였다. 그리고 지휘관들은 끄리오요였는데 대부분 20살 미만이었다. 1842년 11월 멕시코 군대는 메리다를 공격하였으나 또다시 연방주의자들이 승리했다.

그사이에 배반자 레무스는 깜뻬체를 요새화하는 대신에 메리다를 공격하도록 뻬냐 이 바라간(Matías de la Peña y Barragán)을 설득했다. 뻬냐와 2,500명의 군인이 배를 타고 북쪽으로 가는 동안, 로뻬스 데 예르고는 1,600명을 선출하여 메리다로 급히 보냈다. 배가 뗄착(Telchac) 해변에 닿았을 때에 비또 빠체꼬가 이끄는 동쪽 사람들을 포함한 예르고의 군대는 1843년 4월 11일에 매복하고 멕시코 군대를 공격했다. 그들에게 많은 피해를 주었으나 승리라고 말할 수는 없었다. 그들은 메리다로 물러섰다.

뻬냐 이 바라간은 메리다에 조금 더 가까운 장원에 머물렀다. 그리고 조건을 내밀었다. 그러나 예르고는 멕시코 사람이 유까딴에서 사라지는 것이 유일한 조건이라고 대답했다. 서로 대치하고 있을 때 뻬냐는 한 원주민 소년을 잡았다. 그는 편지를 갖고 있었는데, "11,000명의 동쪽과 시에라(Sierra)의 원주민들이 무장을 하고, 자신들의 먹을 것을 준비하고 메리다 시의 방어를 도우려고 오고 있다"고. 멕시코 군대는 전멸을 면하려면 물러서야 했다. 뻬냐가 물러서자 띠스꼬꼽(Tixcocob)에서 미겔 까마라(Miguel Cámara)가 이끄는 동쪽의 민병대들이 나타났다. 뻬냐는 띠스뻬우알(Tixpehual)에서 감보아(Gamboa), 까마라(Cámara), 예르고(Llergo)와 마주쳤다. 그는 배로 땀뻬꼬(Tampico)로 도망쳤다. 그러나 레르마(Lerma)에서 물러서지 말라고 포로를 남겼다.

뻬냐 이 바라간(Matías de la Peña y Barragán) 대신에 뻬드로 암뿌디아(Pedro Ampudia)가 500여 명의 새 병사들을 데리고 깜뻬체로 왔다. 예르고가 방어에 앞장섰다. 동시에 텍사스의 해병대가 깜뻬체에 왔다. 그들은 순식간에 몇몇 멕시코의 배를 못 쓰게 했다. 멘데스가 버티는 동안 암뿌디아는 계속 협상을 제의했다.

전쟁은 피곤하게 계속되고, 그동안 깜뻬체의 항구는 닫혀 있었다. 전쟁의 비용이 계속 올라가자 결국 유까딴 정부는 협상했다. 1843년 6월 암뿌디아는 돌아갔다. 16세 이상 남자들에게 4레알, 원주민에게는 2레알의 세금은 계속되었지만, 부담금은 한시적으로, 1844년 7월까지 면제되었다. 유까딴 정부는 무지하게 가난하게 되었지만 바르바차노는 위급할 때 원주민들을 유까딴 군대에 4개월을 복무하도록 할 수 있었다.

그런데 11월 아구스띤 아세로(Agustian Acero)가 바야돌리드에서 1839년의 중앙집권으로 돌리겠다고 선언했다. 띠호수꼬에서 뜨루헤께가 그를 지지하며 지방정부를 장악했다. 즉각적으로 비또 빠체꼬와 하신또 빠뜨와 다른 이들의 체포를 명령했다. 그러나 그들은 띠호수꼬에 다시 돌아온 공직자들에게 쫓겼는데. 그중의 하나가 비또의 아버지인 그레고리오 빠체꼬였다. 그는 뜨루헤께와 반란군을 끝까지 쫓아 재판정에 세우라고 명령했다. 떼뻬츠의 세실리오 치가 그들에게 합류했다.

그사이에 유까딴의 사절들은 멕시코에서 이 년 전에 낀따나로와 맺은 협약과 비슷한 협약을 맺을 수 있었다. 최근의 멕시코 헌법을 받아들이기 위하여 1841년의 헌법은 버려야 했지만, 내부 행정부를 세우고 스스로 생존할 수 있도록 허락을 받았다. 관세를 고정시키고, 수입의 분배를 조직하고, 나라 안의 모든 항구를 이용하고 유까딴 밖으로 군대를 보내는 것을 지양하고 대신 멕시코에 대항하지 않기로 했다. 결론적으로 전쟁 전에 요구했던 것을 얻었다. 산따아나는 1843년에 이것에 서명했다. 미겔 바르바차노가 1845년 12월에 임시 주지사로 임명되었다.

1844년 2월 21일, 산따아나는 아구아아르디엔떼, 설탕, 면, 따바꼬, 에네껜 줄, 옥수수 등 금지되었던 유까딴의 생산품이 자유롭게 멕시코로 들어오는 것에 서명했다. 이들은 소금 이외에 유까딴의 중요한 생산품들이었다. 대신에 유까딴의 주지사를 임명하고, 국회와 정부의 기관에 사람을 선출한다는 것이다.

호세 띠부이시오 로뻬스(José Tibuicio López)는 유까딴 주(Departamento de Yucatan)의 지사로 임명되었다. 그는 세금에 대한 것을 다시 선포했다. 첫째로 교회가 직접적으로 세금을 걷는 것을 금지하고 대신 주교와 교구를 위해 주정부로부터 일 년에 100,000 뻬소를 받는다. 개인이 스스로 헌신하는 것 외에는 교회는 의무적인 헌신을 받을 수 없다. 성인남자는 일정 세금을 낸다. 그리고 줄어든 세금을 복구하기 위하여 1844년 10월, 경작지, 공공지와 에히도, 마을 공유지, 개개인의 밀빠에까지 세금을 붙였다. 세금은 당연히 반발을 불러일으켰고 일 년 후에 대다수의 원주민을 고용하는 대농장 때문에 폐지되었다. 이어서 유까딴 사람들은 자신들의 생산물을 수출하는 것에 항의했다.

1844년 12월, 산따아나 정부는 호아낀 헤레라(Joaquín Herrera) 장군의 쿠데타에 무너졌다. 그러나 1844년의 법은 그대로였다.

1846년 1월, 유까딴 정부는 참을성을 잃었다. 주 의회는 멕시코 중앙정부의 우위를 폐지했다. 로뻬스(López) 주지사는 이것을 포고하지 않고 스스로 지사와 의원직을 물러났다. 메리다 의회는 새 수반으로 미겔 바르바차노(Miguel Barbachano)를 임명했다. 깜뻬체의 몇몇 인물들은 그의 입각을 찬성하지 않았다.

거의 동시에 멕시코에서는 다시 쿠데타가 있었다. 마리아노 빠레데스(Mariano Paredes) 장군이 새로 정권을 잡고, 유까딴의 분리주의자들을 비난했다. 왜냐하면 미국의 테일러(Zachary Tylor) 장군이 리오 브라보(río Bravo)로 군대를 이동하고 있었기 때문이다. 멕시코 측에서는 1843년의 협정은 유효하지만 유까딴이 밀수를 근절하지 않는 한 1844년의 협약을 파기할 수 없다고 했다.

7월 2일 테일러의 군대가 몬떼레이로 향하는 동안 유까딴은 1843년 12월 14일의 협약을 재천명하고, 유까딴의 독립을 지지했다. 그러나 이때에 바르바차노와 멘데스의 입장의 차이가 더 깊어졌다.

그사이에 산따아나는 하바나로 도망가 8월 22일, 새로운 정부의 창설과 1824년 연방헌법의 재건을 선언했다. 바르바차노와 연락하여 시살 항으로 들어와 베라끄루스로 향했다. 유까딴이 그를 지지하면 1843년의 협약을 지지하겠다고 했다. 유까딴은 지지를 선언했다.

9월 미국 군대는 몬떼레이를 점령했다. 10월 25일, 미국과의 전쟁을 겁낸 멕시코 정부는 다시 산따아나를 불러들였다. 산따아나는 1841년의 자유헌법을 다시 재확인하고 유까딴의 독립을 선포했다.

그러자 안또니오 뜨루헤께는 반란을 일으켰다. 그는 즉각적으로 세실리오 치와 하신또 빠뜨를 감옥에 넣었다. 빠뜨는 500뻬소를 내고 풀려났고, 치는 200명의 원주민들이 몰려들어 풀려났다. 띠스까깔꾸뿔(Tixcacalcupul)의 호세 까스띠요(José Castillo)는 100명을, 후안 바스께스(Juan Vásquez)는 보니파시오 노벨로(Bonifacio Novelo)를 포함하여 다른 원주민들을 모았다. 총 600명의 원주민 군대는 띠호수꼬의 미겔 베이띠아(Miguel Beitia)의 지휘 아래 치, 까스띠요, 그리고 바스께스가 이끄는 3부대로 나누어졌다.

1846년 10월 31일, 산따아나는 1843년 협약의 14조를 이행하고 1844년

2월의 협약을 파기한다고 공표했다. 유까딴 의회는 즉각 멕시코에 합하고 1825년의 연방헌법을 되살리고 곧 선거가 있을 것이라고 했다. 산띠아고 멘데스의 의견을 존중하여 바르바차노는 깜뻬체의 지지를 믿고 일어난 반란군에게 특사를 주자 그들은 돌아갔다.

# 제3장
## 원주민과
## 라디노의 대립

## 3.1. 바야돌리드 습격

그러나 유까딴에는 평화가 오지 않았다. 미국과의 전쟁으로 멕시코 북쪽의 도시들은 실질적으로 미국의 손 아래 있었다. 이 경우, 멕시코와의 연합은 유까딴의 항구가 폐쇄되는 것을 의미했다.

멕시코는 깜뻬체의 경찰국장이었던 도밍고 바레뜨(Domingo Barret)를 임시 주지사로 임명하고 멕시코 중앙정부를 지지하면 세금을 한 달에 1.5레알 또는 일 년에 18레알로 깎아 준다고 선언했다. 그러자 산띠아고 이만은 멕시코를 지지할 뿐만이 아니라 유까딴 반도의 군대를 모으기까지 했다. 바르바차노는 여전히 중앙정부에 반대했다. 내전은 터졌다.

원주민의 지도자들도 나뉘었다. 레비야(Revilla)는 유까딴 정부군에, 빠체꼬(Vito Pacheco)는 약스까바에서 반란군편을 선언했다. 띠호수꼬에서는 다시 정비한 뜨루헤께가 뻬또(Peto)는 자기 땅이라고 했다. 빠체꼬는 유일하게 정부군에게 진 반란군이었다. 빠체꼬는 뻬또에 매복하고 있었던 세실리오 치의 군대와 함께 거의 전멸했다고 한다. 1월까지 남쪽은 거의 깜뻬체 사람들의 손아귀에 있었고, 메리다는 사실상 포위되어 있었다. 라구나 데 떼르미노스(Laguna de Términos)의 유까딴으로 들어오는 오래된 항구인 까르멘(la villa de Carmen)을 미해군이 점령했다는 소식을 12월 31일에 바르바차노가 발표했으나 효과가 없었다.

메리다와 바야돌리드의 북쪽 일부만 아직 유까딴 군이 장악하고 있었다. 깜뻬체 군대는 뜨루헤께와 바스께스에게 거의 **2,000**명을 이끌고 바야돌리드로 진격하라고 했다. 여기의 삼분의 이는 원주민이었는데, 보니파시오 노벨로(Bonifacio Novelo)와 바야돌리드의 이웃에 사는 원주민들이었다. 그들 중에는 바르바차노의 편에서 싸운 사람들도 있었다. 그들은 1월 13일 시살 구역을 점령하고 바야돌리드를 포위했다. 유까딴의 여러 무니시빨 중에서 바야돌리드는 가장 보수주의적이었다. 식민지 시절의 계급 구별이 어느 곳보다 뚜렷했다. 말할 필요도 없이, 원주민이 그 계급 안으로 들어가는 것은 불가능했다. 축제 때 원주민은 도시 안으로 들어갈 수도 없었다. 바야돌리드 주위 마을의 차별받던 원주민들은 공격하는 깜뻬체 군과 아무 관계도 없었지만 포위에 참가했다. 그들은 포위된 사람들에게 모욕적인 말을 던졌다. 그들은 술을 강탈하여 마셨다. 술이 취한 원주민들은 마음이 내킬 때만 명령을 따랐다.

1월 15일, 전면적인 공격 명령을 내렸다. 그들은 마음대로 날뛰었다. 깜뻬체 군의 공격이 시작될 때 베네가스(Venegas) 대령이 흰 기를 올렸으나 전혀 효과가 없었다. 그는 포로가 되어 시살로 끌려갔다. 군중은 자랑스럽던 바야돌리드의 중심을 파괴하며 달렸다. 뜨루헤께와 바스께스는 전혀 관리할 수 없었다. 강간과 살해가 전 도시에 퍼졌다. 원주민 용병들은 84명을 살해하고 시체를 거리에 끌고 다니다가 화톳불 위에 쌓았다. 1월 17일, 노벨로는, 아마도 과장이겠지만, 천 명의 원주민들이 베네가스(Venegas)가 있는 감옥으로 난입하여 그를 살해했다고 했다.

학살의 소식은 주를 뒤흔들었다. 바르바차노는 메리다에서 깜뻬체의 주지사 도밍고 바레뜨(Domingo Barret)에게 편지를 썼다. 인종전쟁이 일어날지도 모른다면서 백인들이 힘을 합쳐야 한다고 했다. 바레뜨는 인종전쟁이 나면 끔찍할 것을 인정하고, 잘못은 전쟁을 시작한 유까딴 정부에 있다며 항복을 종용했다. 바르바차노는 항복할 수밖에 없었는데, 그는 바야돌리드의 약탈에는 책임이 없다는 정치적 입장을 밝혔다. 바르바차노가 떠나자 멕시코 정부가 메리다를 장악하였고, 1847년 1월 22일 유까딴 정부는 그것을 받아들였다. 뜨루헤께는 이날 바야돌리드 광장을 마지막으로 공격했다. 학살의 결과로 노벨로는 감옥에 갇혔다. 그러나 바야돌리드에 평화는 오지 않았다.

## 3.2. 아이의 처형

히멘(h-men)[30]의 손가락은 땅에 뿌려진 옥수수 알갱이의 숫자를 세면서 바쁘게 움직였다. 12개의 옥수수 알은 한 해 첫 12일이다. 동시에 12달을 의미한다. 하나, 둘, 셋 모두가 전쟁, 땅의 파괴, 네 방향에서의 각각의 죽음을 지적했다. 다른 12개의 알갱이를 12월부터 1월로 거꾸로 펼쳐 보았다. 모든 징조가 불길했다.

공포심은 백인들 측에서도 마찬가지였다. 주지사 바레뜨는 1847년 메리다에서 있을 카니발도 취소했다. 같은 염려로 바레뜨는 메리다에 취임하는 대신에, 깜뻬체에서 사람들을 뽑아 산 베니또 성채-도시를 수비했다. 그러나 모두 헛수고가 되었다 1847년 2월 마지막 주 일요일 오후에 산 베니또 앞에서 이루어진 음악회에 몰려든 대중들, 대부분이 남자였는데, 신호 하나에 총과 칼은 힘을 잃었다. 반란군은 피를 흘리지 않고 성채를 점령하면서 계급전쟁이 시작되었다.

메리다의 성벽에는 새로이 군대를 조직하고 애국적인 춤과 기념식을 한다는 공고문이 나붙었다. 메리다 시민들은 크게 관심을 보이지 않았다. 그러나 깜뻬체 사람들은 귀를 기울였다. 그들의 제17연대는 산들을 넘어

---

30) h-men, 현재 마야 지역에서 주술사 또는 무당을 일컫는 말.

빨리 메리다로 향했다. 바야돌리드 수비대는 서쪽으로 이동했고, 시살에서는 배 한 척이 출발했다. 그리하여 반란은 실패했다. 세띠나 대령(Cetina)은 안도의 숨을 쉬며 쿠바로 피해 있던 그의 상관 바르바차노와 연락하기 위해 떠났다. 그러나 이것은 히멘들이 예언했던 반란이 아니었다. 바야돌리드의 주민들은 끔찍했던 1월 15일을 기억했다. 12월이 되기까지 넘치는 달들을 계산하여 3을 뺐다. 10월이 경계하여야 하는 달이었다.

노벨로(Bonifacio Novelo)가 이후에 바야돌리드 학살의 주범으로 드러나기 전이다. 무기는 깜뻬체 사람들이 메리다 사람들에게 성공하면 값을 치기로 약속하고 주어졌다. 멘데스 정당의 중요한 사람들이 사방에서 띠꿀(Ticul)로 모였다. 그들은 무정부상태를 위협하는 문제를 해결하기 위하여 정부, 군대, 세금제도에 대해서 토론했다. 그러나 합의점을 찾지 못하고 바레프 정부는 6월 23일 메리다로 옮겼다.

정치가들이 띠꿀에서 이야기하고 있는 동안 마야 원주민들은 옥수수를 심었다. 세띠나 대령은 북쪽의 항구를 떠나 띠시민으로 몰래 스며들었다. 띠시민은 9년 전에 산띠아고 이만이 멕시코의 산따아나 정부에 반기를 들었던 곳이다. 세띠나는 약 300명가량의 메스띠소를 모아서 무장시켰다. 이만 때와 마찬가지로 지휘자 외에는 모두 마야 사람들이었다. 세띠나와 부하들은 반도의 내륙 쪽으로 가면서 언제나처럼 땅과 세금감면을 약속하며 원주민들을 설득했다. 그들은 한 일의 기록을 남기지 않기 위해 백인들의 거주지는 피하고, 그들이 지난 길에 흔적을 남기지 않았고, 어떠한 증명서도 지니지 않았다. 그래서 지금 그들의 흔적은 찾기 어렵다. 그러나 바야돌리드로부터 8km 남쪽에 있는 마을 치치밀라(Chichimila)에서 돈을 걷은 것은 안다. 이 마을의 촌장인 마누엘 안또니오 아이(Manuel Antonio Ay)가 군대에 자원했기 때문이다. 바르바차니스따[31]로 알려진 띠호수꼬의 바땁,

---

31) 미겔 바르바차노를 지지하는 사람들. 즉 연방주의를 지지하는 사람들이다.

하씬또 빠뜨(Jacinto Pat)는 떼삐쯔의 바땁인 쎄씰리오 치(Cecilio Chi), 보니파시오 노벨로(Bonifacio Novelo)와 함께 자신의 란초, 꿀룸삐쯔(Culumpich)에서 모임을 가졌다. 이들이 처음에는 어떤지 모르겠지만 세띠나 대령이 계획한 것과는 매우 달랐다. 이들의 목적은 각각 달랐는데 빠뜨는 라디노의 정부를 바꾸기 원했고, 아이는 모든 백인을 이 땅에서 몰아내고 싶어하였고, 치는 라디노 모두를 죽이고 싶어 했다-여자와 아이들까지도. 어찌 되었던 그들이 처음에 한 일은 노벨로에게 돈을 주어 벨리즈로 보내어 영국 군으로부터 무기를 사 오는 것이었다.

세띠나 대령은 멕시코 정부에 대항하여 바르바차니스따 반란을 준비했다. 그의 휘하에는 바야돌리드 남쪽의 여러 종류 마야 사람과 메스띠소가 모였다. 이들은 아우실리아르인 치치밀라(Chichimila), 이츠물(Ichmul), 그리고 띠호수꼬(Tihosuco), 즉 변방에 사는 사람들이었다.

어느 날 습격을 시작할지는 몰랐다. 그러나 원주민들은 곡식을 심고 행동할 준비를 했다. 6월 초, 꿀룸삐쯔(Culumpich)에서 한 라디노가 많은 수의 원주민들이 움직이는 것을 보고 바야돌리드로 달려가 보고했다. 그러나 치와 빠뜨를 잡으라는 명령이 삐또에 도착하는 데에 며칠이 걸리고 다시 뜨루헤께(Trujeque)가 도착하여 잡을 준비를 하는 데에 며칠이 걸렸다. 그들이 꾸룸삐쯔에 있는 빠뜨의 농장에 도착하자 아무런 흔적을 찾을 수 없었다. 그럼에도 불구하고 세실리오 치를 찾으라고 띠호수꼬 집으로 사람을 보냈다.

아이(Ay)가 치치밀라(Chichimila)의 한 술집에 있는 동안 술 만드는 사람 하나가 그의 모자에 있는 편지를 하나 보았다. 내용을 수상하게 생각한 그는 로사도 대령에게 보고했다. 곧 한 떼의 군인들이 와서 아이와 그 주위의 사람들을 잡았다. 그리고 아이, 치, 빠뜨, 노벨로가 마야 사람들에게 부과되는 세금을 줄이기 위한 반란을 계획하고 있다고 단정했다. 재무성에 일하고 있는 한 메스띠소가 자신의 목숨을 구하려고 나불댄 것이었다.

1월의 폭거를 기억하고 있는 그들은 복수를 하기 위해 그를 바야돌리드의 산따아나 성으로 데려갔다. 그 다음 날 7월 26일에 한 분대가 총을 쏘아 아이를 처형했다. 흰 팬티, 흰 저고리, 맨발, 모자도 없는 이 작고 거무스름한 사람은 보병과 기마병으로 둘러싸여 조금도 약한 모습을 보이지 않았다. 그의 죽음을 보려고 주위의 마을에서 사람들이 몰려들어 거리가 혼잡했다. 수비대의 군인들은 총을 메고 대포를 쏠 준비가 되어 있었다. 거대한 소요가 예상되었다. 그러나 마야 사람들은 온순하게 명령에 복종하였고, 눈을 고정시키고 그들의 습관화된 침묵 속에 깊이 생각하고 있었다. 총성이 울리고 마누엘 안또니오 아이가 한 움큼의 총알을 받고 벽에 기대어 쓰러졌다. 이것이 죽음에 대한 예언의 시작이었다.

세띠아는 추방 이상으로 고통당하지는 않았다. 메리다 정부는 백인과 원주민을 어떻게 달리 취급한다는 것을 보여 준 것이다. 그리고 그 효과를 기대했다. 효과는 있었지만 그들이 원했던 방향은 아니었다. 치와 빠뜨는 백인들을 이기거나 자신들이 죽을 때까지 싸우기로 결정했다. 세띠나는 자신의 마야 동맹자들과 분리되었다. 그리하여 혁명가들은 인종별로 갈라졌다. 라디노들의 공포가 정치적 혁명에서 사회적으로 그리고 인종적 다툼으로 바뀌어 결국에는 잔혹과 야만성을 양편에 불러일으켰다.

세띠나 대령은 아이의 체포 소식을 들은 후, 300명의 부하들을 이끌고 바야돌리드의 외곽을 향해 전진했다. 그리고 바야돌리드 도시의 항복을 종용했다. 이에 로사도는 전령을 보내어 아이가 이미 처형되었다는 것을 전하고 인종 분규의 위험을 설명하며 이제 백인들이 뭉쳐야 할 때라고 설득했다. 세띠나가 로사도의 말을 다 믿지는 않았겠지만, 어쨌든 그는 싸움을 미루고 평화롭게 들어왔다. 세띠나는 아직 그의 계획을 포기하지 않았지만 실행을 연기함으로 해서 마야 사람들의 신뢰를 잃어 그들을 조정할 수 있을 것이라는 희망을 잃어버렸다.

## 3.3. 떼삐츠의 공격

술을 깬 치는 아이의 처형을 듣자 불같이 화를 내며 보복을 결심했다. 뜨루헤께가 그들은 찾으려고 했을 때 치와 빠뜨는 이미 가고 없었다. 그는 군인들을 몰고 떼삐츠(Tepich)의 치의 농장으로 갔다. 그러나 역시 모두 도망가고 없었다. 그는 농장을 약탈하고 불태웠다. 라디노의 잔혹성이 더욱 정점에 달한 것은 12살의 원주민 소녀를 한 백인병사가 강간한 일이다. 이것이 계급 전쟁의 첫 약탈이며 첫 강간사건이었다. 그리고 다음 날 또 다른 원주민 마을을 습격하여 5명의 마야 사람들을 잡아 갔다. 1847년 7월 30일, 세실리오 치는 떼삐츠를 습격하는 것으로 대답했다. 그곳에 있었던 20~30명의 라디노 가족을 몰살했다. 아이와 여자를 포함한 모두였다. 강간하기 위하여 몇 명의 소녀들만 남겼는데, 그는 즐겁기 때문이 아니고 증오하기 때문에 강간하는 것이라고 했다. 살아남은 자는 이 소식을 띠호수꼬에 가져갔다. 계급전쟁은 이제 심각한 국면에 접어들었다.

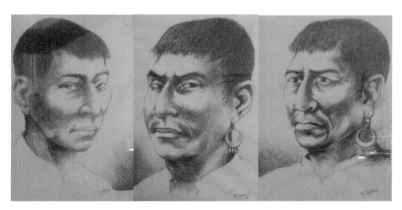

왼쪽부터 마누엘 안또니오 아이(Manuel Antonio Ay), 세실리오 치(Cecilio Chi), 하신또 빠뜨(Jacinto Pat)이다. 그들은 빠뜨의 농장 꿀룸삐츠(Culumpich)에 모여 전쟁에 대해 의논하였다.

그림 16. 세 명의 바땁들. 띠호수꼬 박물관(Tihosuco, Quintana Roo)

# 제4장
## 유까딴의
## 계급 전쟁

## 4.1. 마야 사람들의 짧은 승리

띠호수꼬 주민들은 무서움에 그들의 집을 버리고 북쪽 끝의 작은 광장에 모여 방어벽을 만들고, 도움을 요청하는 사자를 보냈다. 그리고 감옥에 있던 사람들을 꺼내어 벽에 줄을 세우고 총살했다. 물론 그들은 앞의 학살과는 아무 관계가 없는 사람들이었다. 공포의 밤이 지나고 이튿날 이츠물(Ichmul)로부터 군대가 왔다. 두 전투 그룹(guerrilla)이 떼뻬츠를 공격하기 위해 조직되었다. 그들의 수는 싸우는 지역에 따라서 분대와 연대 정도의 군인들이 동원되었다. 셀바에서 싸우는 것은 빗속에서 싸우는 것과 마찬가지다. 풀에 걸리고 진흙에 발이 빠져 누구도 제대로 걸을 수가 없었다. 여기에는 작전도 없고 오로지 감각만이 있었다.

베이띠아 대장(capitan Beitia)은 한 전투그룹, 약 200명의 군인을 이끌고 일부는 띠호수꼬와 떼뻬츠 사이의 길에 매복시켰다. 나머지는 떼뻬츠를 향해 전진했다. 유까딴은 석회암 지역으로 자질구레한 돌이 사방에 널려 있다. 이 돌들로 쉽게 벽을 쌓을 수 있었다. 마야 사람들은 돌로 된 나지막한 벽을 영역을 구별하거나 가축이 나가지 않도록 하는 데 사용하고 있었다. 이 작은 돌의 벽은 여러모로 전투에 응용되었다. 마야 사람들은 돌벽 뒤에 숨어 한 줄로 늘어서서 베이띠아의 군인들을 향해 총을 쏘았다. 그 기세는 엄청났다. 베이띠아는 마야 사람들이 무참하게 칼로 벨 것을 알면서도, 상처 입은 동료들을 버리고 도망쳤다. 그러나 두 번째 전투에서는 우월한 숫자와 화력으로 무장하여 첫째 줄 돌담을 쉽게 넘고 떼삐츠에 도착했다. 남기고 간 병졸들이 죽음을 당한 것을 보고 분개한 이들은 도망가는 원주민들을 총으로 쏘아 죽이고, 원주민들의 교회를 엉망진창으로 만들고, 우물에 돌을 집어던졌다. 숲으로 도망간 마야 원주민들은 백인들의 행동을 보고 있었다. 그들에게는 아직 자신들의 마을과 가족들을 구할 힘이 없었다. 그들은 백인들과 어떻게 전쟁을 할 것인가 생각하고 있었다.

바레프(Domingo Barret)에 이어 깜뻬체의 새 주지사로 뽑힌 멘데스는 1947년 8월 6일 16~60세 사이의 백인과 반백인(메스띠소를 의미함)은 군대에 지원하라는 명령을 내렸다. 그러나 질서 있게 이들을 관리할 조직도 무기도 충분히 없었다. 미국의 남북전쟁에는 2% 미만이, 제2차 세계대전 때에야 10%가 참여했다. 그런데 유까딴에서는 라디노 인구의 17%가 무장하고 참여했다. 당연히 그들을 제대로 교육할 수가 없었다. 총알을 어떻게 장전할지도 제대로 모르는 형편이었다. 진격하며 그들은 땅에서 자야 했고, 음식을 만들고, 땅바닥에 앉아 먹어야 했다. 마야 사람들에게는 일상의 일이었으나 그들에게는 아니었다.

1841년 8월 6일의 헌법으로 해서 원주민들은 시민권을 얻었다고 현혹되었다. 그러나 그들의 상급자는 백인이었지 원주민들 중의 한 사람은 아니었다. 그들은 술 취하고 게으른 백인 상급자들을 위해 일해야 했고, 게으르면 벌을 받아야 했다. 식민시대의 법은 여전히 유효했다.

8월 15일 밤에 치가 모든 백인들의 목을 따고 왕관을 쓰기 위해 메리다로 들어간다고 했다. 메리다 전체가 요새가 되었다. 야밤의 습격을 피하기 위하여 대낮처럼 횃불을 밝혔다. 진격은 없었다. 그러나 공포는 마녀사냥을 시작하게 했다.

프란시스꼬 욱(Francisco Uc), 우만(Umán)의 촌장은 점잖고 교육을 받은 사람이었으나 피부가 검었다. 그는 한 번도 본 적이 없는 사람의 죽음을 책임지고 죽어야 했다. 영향력이 있는 그의 백인 친구들이 강력하게 옹호하였으나, 그와 비슷한 처지의 피부가 거무스름한 촌장들과 함께 잡혀서 깜뻬체의 감옥과 베라끄루스(Veracruz) 근처의 산-후안-데 울루아(San Juan de Ulúa) 요새로 보내졌다.

이들 반도의 서북쪽 마야 사람들은 평화롭게 살아왔으나 이제 반란군들의 폭거와 승리의 빚을 갚아야 했다. 그들은 반도들과의 연관을 고백할 때까지 뾰족한 못이 박힌 위로 끌려가거나, 귀를 걸어 매달거나 흔들었다. 어떤 병사는 외딴곳에서 일어난 야만스러운 일을 이야기했다. 그에 의하면 원주민들이 그의 어머니와 형제가 보는 데서 아기를 죽였고, 어떤 여자의 심장을 꺼내어 피를 마시고 난 뒤에 강간했다는 것이다. 그리고 난도질 당한 시체들을 집어던지고 갔다고 했다.

이것이 사실이었든 아니었든 간에, 하나의 유언비어는 또 다른 복수를 낳았다. 반란과 전혀 관계가 없는 유까딴 북서쪽 대농장에서 살던 원주민들에게도 복수의 칼날이 왔다. 그들의 밀빠와 집을 태우고, 여자와 어린이들이 볼모로 잡혀 있는 동안 남자들은 수용소에 도착하기 위해 하루 종일 걸었다. 그들은 전쟁포로나 노예로 잡혔다. 농장의 노동자들은 엄청난 벌을 받았고, 자유인들은 일하라고 박차를 가했다. 매일매일 비명소리와 산 사람을 태우는 냄새가 났다. 어쩌면 프란시스꼬 욱이 반란군의 촌장들과 연락이 있었는지도 모른다. 그러나 그것은 미겔 바르바차노도 마찬가지였다. 유까딴 정부의 연방주의자와 중앙집권주의자들이 상황에 따라 자신들의 입장을 바꾸는 것처럼, 마야 원주민도 때로는 정부군과 함께 때로는 반란군이 되고 있었다.

치와 빠뜨, 여러 마을의 바땁들이 꿀룸삐츠(Culumpich)에 모여 백인이 사라질 때까지 싸우기로 했다. 마야인들은 뚝 떨어진 농장을 공격하여 돈과 보석을 강탈해서 모았다. 이 돈을 갖고 노벨로는 다시 벨리즈로 무기와 탄약을 사기 위해 갔다. 그사이에 지눕(Dzinup)의 플로렌띠노 찬(Florentino Chan)이 그의 마을 사람들과 합세했다. 그는 약스까바(Yaxcaba) 일대에 퍼져 살고 있는 꼬꼼(Cocom) 부족의 가장 으뜸가는 지도자였다.

세띠나는 슬프게 이 마야 원주민들의 의도가 무엇인가 생각했다. 물론 그들은 피에 굶주린 야만인도, 바르바찬니스따도 아니었다. 로사도는 세띠나를 고향인 띠시민으로 보내었다. 그는 자신의 군대를 다시 모으고 북쪽 바다와 연결된 라가르또(Rio Lagarato) 강을 통하여 탄약과 무기를 입수했다. 세띠나 휘하의 도망병들이 그가 혁명에 대해 공공연히 이야기한다고 하자, 로사도는 사실을 밝히기 위해 보병대대와 두 개의 대포를 보냈다. 세띠나의 대답이 마음에 들지 않은 로사도는 진영을 탈취하고 그의 군대를 흩뜨렸다. 9월 27일이었다. 쎄띠나는 우선 상황을 받아들였으나, 9일 후에 살아남은 자신의 경비병들과 몰래 빠져나와 메리다의 산 베니또 요새를 점령하고, 바르바차노 정부를 선언했다. 멘데스는 사태를 인정할 수밖에 없었다. 정치적은 일은 뒤로 미루고 그들은 눈앞의 마야 원주민들과 싸울 계획을 세웠다. 볼리오(Bolio) 대령과 그의 부대는 띠호수꼬의 진영에서 나와 뻬또(Peto)와 떼깍스(Tekax)를 향했다. 올리베르(Oliver) 대령은 바야돌리드에 있는 모든 깜뻬체 군대를 데리고 서쪽을 향했다. 라디노들은 메리다로 향하는 마야 반란군들을 맞을 준비를 하고 있었다.

마야 사람들은 그들의 성스러운 사도들이 도와준다고 생각했다. 맨 먼저 띠스까깔꾸뿔(Tixcacalcupul)을 무너뜨렸다. 이 성공으로 마야 사람들의 영역은 바야돌리드(Valladolid)와 딱 붙었다. 그리고 이틀 동안 포위한 후에 띠호수꼬(Tihosuco)를 점령했다. 라디노측은 띠호수꼬를 포기하여 라디노 주민들과 부하들을 크게 손상시키지 않고 뻬또로 옮기고자 했다. 그러나 뻬또(Peto)와 바야돌리드 사이에는 그들이 결코 지배하지 못했던 꼬꼼(Cocom) 부족의 땅이 있었다.

메리다에서 세띠나는 복잡한 정치상황을 맞이하고 있었다. 멘데스를 제
압하는 동안 마야 사람의 승리는 그의 인기를 끌어내리고 있었다. 10월 25
일 그는 부하들을 이끌고 마야 사람들과 싸우기 위해 이사말로 향했다. 바
로 이날 멘데스의 정당은 메리다를 회복했다. 그는 바야돌리드를 향하며

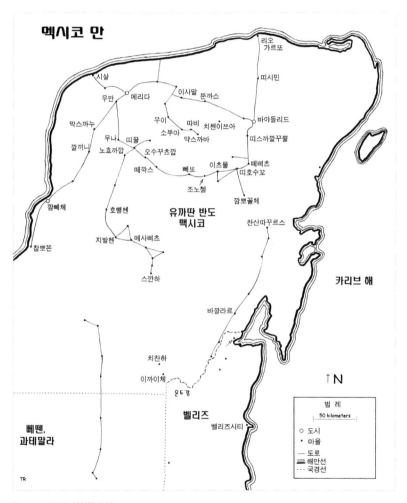

(Rugeley 2001, 정영창 수정)

그림 17. 까스따 전쟁의 중심 도시들

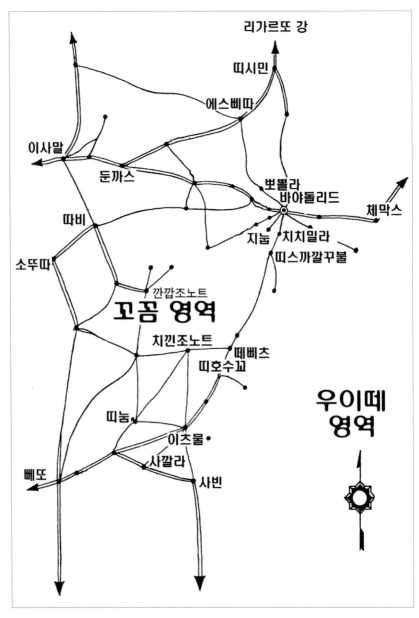

리가르또 강

띠시민

에스삐따

이사말

둔까스

뽀뽈라
바야돌리드

체막스

따비

지눕　치치밀라

띠스까깔꾸불

소뚜따

깐깝조노트

꼬꼼 영역

치낀조노트

떼뻬츠

띠호수꼬

우이떼
영역

띠눕

이츠물

사깔라

삐또

사빈

(Reed 2002, 정영창 수정)

그림 18. 전쟁의 중심지. 꼬꼼(Cocom)의 땅과 주위의 도시들

로사도에게 전갈을 보내어 마야 원주민들과 싸우기 위해 그와 합류하라고 했으나 거절당했다. 그는 마야 사람들과의 전투에 지고 다시 숲 속에 숨는 신세가 되었다. 그는 띠시민(Tizimin)에서 남은 사람들을 규합하고, 로사도에 대한 복수를 맹세했다. 그는 빠뜨와 합류할 것을 공개적으로 말했다. 바르바차노 정당에 합류하는 마야 지도자는 5,000뻬소를 받을 것이라고 했다. 그러나 세띠나의 군사들은 그가 너무 개인적인 원한에 집착한다고 생각하고 많은 숫자가 탈영하여 버렸다. 덕분에 남은 무기들을 그 지역의 마야 사람들에게 나누어 주고, 60여 명의 부하와 함께 12월 4일 메리다의 산 베니또를 향해 진격했다. 이번에는 메리다의 반응이 냉담했다. 다음 날 그는 항복하였고, 이리하여 그의 정치적 생명은 끝났다.

볼리오(Bolio), 올리베르(Oliver), 로사도(Rosado)는 뻬또에 모였다. 그들의 군대는 뻬또를 출발하여, 사깔라(Sacalá)와 사반(Saban)에 있는 마야 사람들의 중심지를 부수고 이츠물(Ichmul)에 요새를 세웠다. 반란군을 끝장내기 위해 준비했다. 그렇지만 너무 늦었다. 12월 5일에 마야 사람들이 쳐들어왔다. 그들은 총알이 떨어질 때까지 도시로 밀려 들어왔다. 총알이 떨어지자 8일 후에 다시 오겠다고 하고 떠났다. 그 기간은 온도 강(Rio Hondo)에 있는 영국인 장사군들에게 갔다 올 수 있는 시간이었다. 정확히 8일 후에 마야 사람들은 다시 쳐들어왔다. 라디노들의 30보 앞에서 그들 특유의 돌로 된 벽을 쌓고 라디노들의 시체를 벽 밖으로 내던졌다. 척추를 부수고 신경을 자르고 처참한 싸움이었다. 한 시간 동안의 싸움에 40명이 죽고 75명이 다쳤다. 크리스마스 새벽 5시에 라디노들은 남쪽으로 향한 길을 열었다. 여자와 어린이들과 부상자들이 나왔다. 그 뒤로 약간 명의 엄호부대가 따랐다. 6시에 라디노들은 불타는 이츠물을 뒤로 하고 뻬또로 도망갔다.

로사도는 이츠물을 돕기 위해 800명을 거느리고 오고 있었으나, 꼬꼼의 지역에서 지체했다. 소뚜따(Sotuta)에서 띠호롭(Tiolop)으로 가는 길에 너무 늦었다는 것을 알고 뻬또로 돌아갔다. 뻬또에는 2,500명의 수비대가 있었다. 평소에는 약 5,000여 명이 사는 마을이었다. 로사도는 이츠물을 회복하기 위해 전권을 쥐었다.


## 4.2. 친구와 적

1848년 1월 내내 마야 사람들은 조노첼(Dzonotchel)의 마을을 포위하고 요새를 쌓기 위해 전진했다. 여기서 19km 떨어진 곳에 그들의 사령부가 있었기 때문이었다. 로사도(Eulogio Rosado)는 조노첼을 얻기 위해 깜뻬체와 체네스에서 온 군사들을 앞문으로 공격하러 보내고 후방부대는 조노첼의 뒤쪽으로 가는 길에 매복했다. 두 로사도(Felipe y Eulogio Rosado)는 뻬또에 있는 교회의 탑에서 움직임을 감시했다. 낮에는 아무 일도 없었다. 연대는 떨어져서 숲에 머물렀다.

그날 밤, 펠리뻬 로사도는 몰래 모임을 가지고 누구를 지지할 것인가 의논했다. 뻬또에서 온 용병들은 그들과 동향인 호세 마리아 바레라(José María Barrera), 바땁인 마세도니오 줄(Macedonio Dzul)과 그의 친구이며 동료인 하신또 빠뜨와 싸우게 될 것을 알았다. 로사도는, 세띠나를 통해서 또는 바르바차노와 직접적으로, 그의 정당(바르바차니스따)과 마야 사람들과의 '거래들'에 관한 편지를 갖고 있었다. 지금은 여러 주 동안 편지가 지체되고 있지만, 전쟁이 어떻게 될지는 몰랐다. 펠리뻬 로사도는 중립을 지키기로 결심했다. 다음 날, 그의 가족과 부하들은 남쪽으로 62km 떨어져 있는 삭수실(Sacsucil)에 있는 그의 농장으로 갔다. 그러자 바르바차노를 지지하는 연방주의주의자들인 지역 군인들과 마을사람들이 그의 농장으로 몰려들었다. 갑자기 삭수실은 중요한 거점이 되었고, 뻬또는 약해졌다.

그 다음 주에 세 번의 싸움이 있었다. 그러나 어느 쪽도 이 복잡한 상황을 해결하려고 하지 않았다. 뻬또에서 총을 가진 스파이를 발견한 뒤, 삭수실(Sacsucil)에 있는 바르바차니스따들과 마야인 사이에 오가는 말을 가로채었다. 원주민들이 공격할 때는 "미겔 바르바차노 주지사 만세"를 외쳤다. 이 말은 뻬또의 평원에 있는 군인들의 도덕적 해이를 일으켰다. 남들을 해치지 않고 두 주간 병영생활을 하는 것은 괜찮았다. 그러나 몇 달을 죽음과 마주하고, 생포하면 난도질을 하고, 국고를 약탈하고 등 이런 것은 계약에 없었다. 상관들의 업신여김을 받고, 누더기를 걸치고, 못 먹고, 급여는 적던 병사들은 새로운 싸움이 시작될 것을 보았고, 그것이 그들의 몫이라는 것을 알았다. 그렇지만 자신들이 정치적 싸움의 일꾼(peon)이라는 것을 느끼자, 모든 것이 분명해지고 나서 자신들의 용기를 보여야 할 것이라고 생각했다. 그들은 떼깍스(Tekax)로 가는 큰 길에서 이탈하여 그들의 집으로 가기 시작했다. 싸움을 하지도 않고 그의 진영은 거의 반으로 줄었고, 더 약해져 갔다. 로사도 대령은 퇴각해야 할 시간이라는 것을 알았다.

2월 6일 밤이 될 무렵, 군인, 민간인 모두 광장에 모여 이츠물을 포기하고 떠났다. 그들은 로사도에게 책임을 물을 것이었으나 시간이 없었다. 꼬꼼 부족의 지역에서는 마야 사람들이 동시에 여러 마을과 주위의 농장을 공격했다. 라디노들은 화력과 군사력이 우수했으나, 작은 길을 샅샅이 알고 있는 꼬꼼 마야 사람들에게 계속 졌다. 그중에서 가장 오래 버틴 것은 깐깝조노뜨(Kancabdznot)였다. 그들은 며칠을 버티다 약스까바(Yaxkaba)로 쫓겨났다. 마야 사람들은 꼬꼼 마야 사람들의 중심인 소뚜따로 전진했다. 라디노들은 이사말(Izamal)로 물러났다.

한편, 바야돌리드에 대한 공격이 거세지고 있었다. 바야돌리드에는 깜뻬체의 제16연대, 체네스(los Chenes)의 제18연대, 경찰대(la Seguridad Pública), 연대(el Batallón Ligero)와 지역 헌법 연대(el batallón local Constitución)들이

마야의 피라미드 기초위에 식민지시대의 수도원을 짓고 대교구를 두었다. 앞에서 식민지 시대의 수도원, 뒤에는 피라이
드가 보인다. (Izamal, Yucatan)

그림 19. 이사말(Izamal, Yucatan)

있었다. 그들과 합세하기 위해 패퇴한 세띠나 대신에 아구스띤 레온(Agustín León) 대령이 세띠나의 군대를 데리고 메리다서부터 몰려왔다. 마야 사람들은 다시 돌벽을 쌓았다. 레온은 께막스(Chemax)를 회복하고자 했다. 후방으로부터 공격하여 150명의 군인 중의 36명이 죽었다. 그리고 그들은 바야돌리드로부터 동쪽으로 16km 떨어진 띠꾸츠(Tikuch)에 몰렸다. 150명의 군인이 두 개의 대포로 버티고 있을 때에 레온 자신이 200명과 더 많은 대포를 끌고 바야돌리드로부터 왔다. 그는 죽은 자들을 묻고, 살아남은 자들을 거두어 좀 더 안전한 곳으로 물러났다.

이츠물을 무너뜨리자 마야 사람들은 더 이상 한 지점 또 다른 지점에 몰리지 않고 지역적으로 모였다. 남쪽 병력은 뻬또를 점령하고 서쪽으로 진격하는데, 하신또 빠뜨가 이끌고, 세실리오 치는 바야돌리드를 포위 공격하는 군을 지휘했다. 세실리오는 멕시코를 상대로 싸움하여 깜뻬체까지 간 적이 있었다. 거기서 그는 많이 배웠다. 치는 대농장과 작은 농장인 란초(rancho)를 공격하여 가축, 꿀, 면화, 커피, 돈 모두를 꺼내고 불을 질렀다. 그는 적이 이용할 수 있는 아무것도 남겨 두지 않았다. 그는 모든 백인을 없애는 것이 목적이었다. 그리하여 레온은 전쟁터에 주둔할 수가 없어서 매일 군대를 보내서 싸워야 했는데, 레온의 군대가 연락을 할 수 있는 방법은 불을 피우는 것 밖에 없었다. 따라서 밤이나 숲이 우거진 곳에서 전투하기에는 매우 불리하였다. 마야 사람들에게는 뚠꿀(tunkul)이라는 고유의 북이 있었다. 그들은 밤, 셀바, 덤불을 이용하여 전쟁을 했다.

1848년 1월 19일, 치를 선두로 마야 사람들이 바야돌리드 시로 쳐들어 갔다. 12,000~15,000명이 도시를 마구 약탈했다. 그러면서 곧바로 산따아나 광장으로 갔다. 바로 몇 달 전에 아이가 처형된 장소였다. 여자와 아이들은 근처의 성당으로 도망갔다. 군인들은 그들을 저지하기 위해 대포를 마구 쏘았다. 마야 사람들은 돌로 된 건물 뒤로 피할 수 있었다. 그러나 전면으로 나설 수는 없었다. 그날은 밤새도록 성당에 불이 켜 있고, 시에라 오렐리(Sierra O'Reilly)가 하나님의 도움을 바라는 기도를 인도하는 소리가 들렸다. 주위로는 마야 사람들이 공격을 못 하도록 횃불을 밤새도록 켜 놓았다. 이틀 후 마야 사람들은 다시 전면적으로 쳐들어가서 산따아나 광장의 대부분과 그 지역의 유일한 수원인 세노떼(cenote)를 점령하고 모든 길을 차단했다. 레온 대령은 마야 사람들을 향하여 60시간 동안 쉬지 않고 화포를 쏘아 대었다고 했다. 그러나 한 치도 앞으로 나아갈 수 없었다. 밤이 되어 겨우 한 방향이 뚫렸다. 레온은 메리다로 연결되는 꼬로뜨물(Colotmul), 에스삐따(Espita), 삐소이(Pixoy)로 도망갔다. 그사이에 바야돌리드는 포위되었다.

세띠나 대령이 마지막으로 마야 사람들을 설득하는 것을 실패하자 멘데스(Méndez)는 막스까누(Maxcanú)에 그의 정부를 세웠다. 1847년에 막스

(Dummond 2005: 195, 정영창 수정)

1848년 2월에는 반도 중앙 및 동부 전체가 마야 사람들의 영역 안으로 들어왔다. 서쪽으로는 메리다(Merida)를 향해서 진격하고 있었고, 반도 동남쪽의 유일한 라디노의 도시 바깔라르(Bacalar)는 치찬하(Chichanhá)로부터 공격하고 있다.

그림 20. 마야 사람들의 진격

까누에서 회의를 열고 '위기의 법'을 통과시켰다. 주지사는 초월적 권한을 가졌다. 16세 이상의 남자들은 그들이 사는 곳에서 나갈 수 없도록 했다. 다른 한편 그의 정치적 적인 미겔 바르바차노와 협상을 하려 했다. 그는 이 반란이 정치적인 것에서 국한하고 인종적인 것으로 가지 않기를 노력했다. 그러면 정당 사이의 협상으로 해결하는 것이 양측에 모두 유리했다. 바르바차노도 이를 받아들이려고 막스까누로 갔다. 화해한 후 정치는 정치에서 끝내기로 협상했다. 멘데스는 다시 메리다에 주정부를 세우기 위해 돌아갔다. 거기서 그는 모든 백인들은 이전의 불화를 잊고, 힘을 합쳐 '종교'와 '문명'을 위해 싸울 것을 연설했다. 메리다의 라디노들은 그의 연설을 좋아했다. 백인들은 형제애로 모일 것이었다. 그러나 멘데스는 자신을 살해하려는 계획 있다는 풍문을 들었다. 멘데스는 몰래 막스까누로 돌아왔다. 형제애는 선언되지 않았다.

바르바차노는 1848년 2월 15일, 대주교의 편지를 갖고 벨라 신부와 몇몇의 사제들과 함께 떼까스(Tekax)로 갔다. 여기에는 에우로히오 로사도(Eulogio Rosado) 휘하의 '국립수비대(Guardia Nacional)'가 있었다.

그동안 마야 사람들은 띠눔(Tinum)에 있었다. 하신또 빠뜨의 지휘 아래 일어났던 띠호수꼬 사람들은 이제 몰려오는 다른 마을의 사람들에 비해 오히려 수적으로 적었다. 그들은 이츠물, 사깔라, 사반 등 자유로워진 마을에 자리 잡기 시작했는데 뻬또에서 승리한 이후에 급격하게 늘었다. 마야노동자들은 처음에는 무엇을 할지 모르고 자유롭게 오락가락했으나 이제는 3~400명씩 떼를 지어 모여 있으며 어떠한 자극을 찾고 있었다.

하신또 빠뜨는 띠호수꼬에 머무르며 이 사람들을 그의 수하의 장들에게 맡겼다. 그의 형제인 에스떼반(Esteban), 후안 후스또 얌(Juan Justo Yam)과 메스띠소인 호세 마리아 바레라(Jose Maria Barrera)가 그들이다.

그사이에 로사도 대령은 떼깍스에 있었는데, 그는 인력이 미치지 않는 대농장과 란초를 내버려 두었다. 이건 큰 실수였는데, 덕분에 2~3월의 수확기가 오자, 제대로 수확하지 못하고 남은 것은 반도들이 다 휩쓸어가 버렸다. 군인들이 먹을 것이 없자 그는 군대 스스로 복구하기로 하고 떼아보(Teabo)와 베깐첸(Becanchen)으로 군대를 보내어 추수하여 곡식을 호위하여 옮겼다. 어느정도 성공적인 것 같았다. 그러나 뻬또에서 로사도(Felipe Rosado)의 삭수실농장에 있던 바르바차노 당이 공격을 당했다는 소식이 왔다. 36명이 죽었다. 이어서 베깐첸(Becanchen)이 폐허가 되어 버렸다. 바르바차노가 '평화협정에 대한 생각'을 갖고 떼깍스에 오자 로사도 대령은 그 핑계로 도망가 버렸다.

## 4.3. 협상(1848년)

마야원주민들의 반란에 대한 대응에 군인들이 실패하자 정치가와 사제들이 나섰다. 2월 28일에는 '평화'에 대한 제안에 나왔다. 추기경은 '전쟁의 공포'에 대해 종교심이 줄고 세속적인 것이 증가하는 데에 대한 '신성한 판결'라고 했는데, 마야인들 사이에는 비밀결사가 없었다. 성당을 불태우고 부순 것은 백인들이었다. 따비에 모인 마야의 바땁들이 답을 보내었다.

> "여기에 진정한 신이 있는가? 진정한 신은 언제나 결핍하였고, 우리들은 길을 바꾸는 것을 받아들이는 것에 보답으로 채찍을 받았다. 지금우리들은 죽인다, 당신들이 먼저 우리들의 길을 죽였기 때문이다. 24시간 내에 당신들의 무기를 우리에게 바쳐라. 만약 그렇게 하면 우리들은 당신들의 집조차도 건드리지 않겠다. 그렇지 않으면 당신들의 집과 농장은 다 불태워질 것이다. 그리고 모두 죽음을 당할 것이다. 이것이 당신들이 우리들에게 가르친 것이다."

모든 길이 막히자 희망은 하신또 빠뜨에게 모여졌다. 그는 띠호수꼬에서 벨라 신부에게 답을 보냈다.

> "교섭자로 온 안또니오 뜨루헤께는 떼삐치 마을을 불태우는 것으로시작했다. 불쌍한 원주민을 강간하는 것으로, 산에서 동물들이 하는

것처럼, 상위의 정부가 우리들을 죽이라는 것처럼 우리를 무시했고,
우리들이 쉴 수 있게 지불하는 것의 반도 하지 않았고, 결국은 우리들
은 우리 자신의 정부를 세울 때까지 쉴 수 없다는 것을 알았다. 우리
들은 더 이상 삶을 이어갈 재산이 없기 때문에 살 것인가 죽을 것인가
를 결정해야 한다."

다른 마야의 바땁들보다 라디노와 가까웠고 신중한 빠뜨의 조건은 백
인들이 받아들이기 쉬웠다. 1848년 3월 2일 주지사는 교회의 종을 울리고
협상을 축하하는 것을 허락했다. 그러나 이 소식이 퍼지는 데는 시간이 걸
렸다. 3월 6일에 소뚜따(Sotuta)의 꼬꼼(Cocom)부족 마야사람들의 조건이
왔고 바야돌리드로부터는 10일이나 되어서 왔다.

소뚜따에서는 그사이에도 전투가 계속되었다. 소뚜따를 포위하고 강하
게 밀어붙였다. 꼬꼼 마야사람들은 그들의 명성에 걸맞게 공격을 했다. 띠
호수꼬와 떼삐치의 마야사람들의 일부도 그들과 합세했다. 이 전투는 온
전히 꼬꼼부족에 의해 이루어지고 있었다. 그들은 '동쪽의 지도자들(하신
또 빠뜨, 호세 마리아 바레라, 등)의 명령을 받아들이는 것에 아주 조심스
러웠다. 그들의 마침내 조건을 내밀었는데, 매우 지역적인 것이었다.

"반란 전에 가져간 장총들을 돌려줄 것, 정치적 수장인 바셀리아를 보
낼 것, 왜냐면 그가 마야사람들을 속인 것 같기 때문에. 소뚜따의 성당
에서 가져간 그들에게만 헌신하는 능력을 지닌 '따비의 성처녀'(Virgen
de Tabi)를 돌려줄 것"이었다.

한 사제가 큰 잔치를 벌이는 옷을 입고 교구를 지나다가 이 조건을 들
었다. 다른 형제 사제는 협박에 놀라서 도망했다. 사제들은 더 이상 비세
속적인 인물들이 아니었다. 말보다는 행동을 하기로 결정한 마야사람들은
그 날 오후에 '따비의 성처녀'를 요구하며 벌떼같이 달려들었다. 백인들은
이 공격을 물리쳤다. 계속된 다른 여러 날도 마찬가지였다. 그러나 백인들
은 짜증이 나 있었다. 3월 10일, 백인들은 위험을 무릅쓰고 나가 무기를

획득하여 길을 열고 꼬꼼이 요구하는 바셀리아를 데리고 호까바(Hocabá)로 도망갔다. 그 후에 '따비의 성처녀'가 어찌 되었는지 알려지지 않았다.

소뚜따에서 협정을 시작하기 전인 2월 초에 북쪽의 지도자들도(세실리오 치, 보니파시오 노벨로, 플로렌띠노 찬) 어쩌면 마야사람들의 승리를 가져다 줄 협상조건을 의논하기 위해 띠호수꼬에 모였다. 그들은 백인들은 믿을 수 없지만 언제나 탄약과 총탄이 부족하기 때문에 협상을 하는 것도 좋을 것이라고 생각했다. 세실리오 치는 바야돌리드로 돌아가서 조건을 내밀었다: 세금을 줄일 것, 가져간 무기를 돌려줄 것, 그들의 수장이라고 할 뜨루헤께에 대해 벌을 내릴 것, 이 모든 조건을 바르바차노가 개인적으로 받아들일 것을 약속할 것이었다. 이 조건을 미겔 볼리오(Miguel Bolio) 대령과 마누엘 시에라(Manuel Sierra) 신부가, 협상테이블이 살해당하는 장소가 될 위험을 무릅쓰고, 함께 하여 2월 12일에 문서화 했다.

바야돌리드 시청사 소재. 라디노 한 명은 제단 뒤에 숨었고 다른 한 명은 신부의 발밑에 붙어 있다. 신부는 원주민의 공격을 손으로 저지하고 있다. 신부는 두 편의 가운데 서서 중재할 수 있는 사람인 것을 짐작할 수 있다.

그림 21. 칼을 들고 몰려온 마야 사람들

그러나 이 예민한 협상은 어떤 일에서든 깨어질 수 있었다. 사건은 찬세노떼(Chancenote)에서 일어났다. 유까딴 반도의 북동쪽에 위치한 이 마을에는 마야 사람들이 그들의 존재를 무시했던 관계로 2월 10일까지 살아남은 라디노들이 뭉쳐 있었다. 이날은 바야돌리드를 포위하기 위하여 2,000여 명의 마야 사람들이 가고 60여 명이 수비대로 남아 있었다. 라디노 공격자들은 여자들과 어린이들을 흙 담이 있는 공동묘지로 데려갔다. 그들이 저항하여 먼지가 이는 사이에 꽃들을 뒤집어쓰고 몇 명은 도망했다. 그러나 대부분은 공동묘지의 벽 아래에 총을 맞고 쓰러지거나 조그마한 돌로 된 성당에서 목이 잘렸다. 마을의 성당으로 들어간 라디노들은 나무로 된 제단을 벽에서 뜯어내어 바닥에 동댕이치고 성자들의 형상은 불쏘시개로 사용했다. 그들이 하는 행동은 가톨릭의 사제가 마야의 성스러운 물건을 없앨 때 하는 것과 같았다. 그리고 마을을 털고 불태웠다. 이 사건은 성당의 지붕 사이에 숨어 있다가 연기와 혼돈을 틈타 탈출하여 바야돌리드로 간 25명에 의해 알려졌다. 이는 정전 직전에 벌어진 일이었다. 제단 앞에서 죄 없는 어린이들을 죽이고 여자들을 강간한 사건에 마야 사람들은 그와 같은 적들과는 결코 전쟁을 그만둘 수 없다고 선언했다.

리베로(Rivero) 대령은 100명을 보내어 치치밀라(Chichimila) 마을을 습격하여 파괴했다. 그는 협정은 끝났다고 했다. 그러나 마야 사람들은 작전도 없었고, 전진도 후퇴도 없었다. 라디노 파견대는 그곳을 빠져나오기 위해 200명의 원군과 대포가 필요했다. 적을 찾기로 결심한 리베로는 한 연대를 투입했다. 그들이 남서쪽의 작은 마을 지눕(Dzitnup)에 도착했을 때, 마을은 버려진 것 같았다. 그러나 얼마 지나지 않아 전투가 시작되었다. 마야 사람들은 곳곳에서 불쑥불쑥 나타났다. 라디노들은 공포에 질려서 싸웠다. 그러나 국지적인 백병전이어서 죽은 병사의 숫자는 십분의 일도 안 되었다. 여기에 승리가 목말랐던 볼리오(Bolio)가 지원하려고 기다리고 있던 제2연대를 끌고 돌아왔다. 볼리오는 저항이 없는 지눕을 불태우고 '원주민 공화국'의 집이 있는 치치밀라를 칠 예정이었다. 그가 지눕에 들어서자, 머리가 돌로 으깨어진 시체와 나무에 목이 매달리고 눈알이 뽑힌 신부가 보였다. 그리고 몇몇은 칼로 난도질당한 채 널브러져 있었다. 볼리오는 지눕에 진지를 구축했다. 그러나 아무도 없다고 생각한 것이 그의 오산이었다. 밤이 되자 사방에서 마야 사람들이 나왔다. 그리고 성당 쪽으로 라디노들을 몰아갔다. 처참한 백병전이 이루어졌다. 불타는 연기 속에서 마지막으로 보인 볼리오의 모습은 마체떼(machete)[32]와 마야의 긴 창에 둘러싸여 있는 것이었다. 극히 일부가 숲 속을 뚫고 도망갔다.

지눕에서의 두 번의 패배는 공격하고자 하는 의욕을 없앴다. 레온 대령은 필요한 물품을 챙기기 위해 이사말로 후퇴했다. 1848년 3월 10일에 마지막 희망을 걸었다. 미겔 후친(Miguel Huchin)은 평화를 교섭하기 위해 그의 대부 리베로를 보냈다. 리베로 대령, 마누엘 시에라신부, 그리고 다른 각료들과 사제들이 원주민 교섭자들과 만나기 위해 갔다. 이 자리에서

라디노 신부와 권력자(왼쪽). 학대당하는 마야 사람들(중간). 칼을 높이 쳐든 마야 사람들(오른쪽). 반란이 일어나게 된 이유와 누구를 향해(신부와 권력자) 칼을 들었는지 잘 보여 준다.

그림 22. 마야 사람들의 생활. 유까딴의 사회전쟁(Guerra Social de los Mayas)의 표지 그림

---

32) machete. 마야 원주민들이 일상적으로 사용하는 칼로, 풀을 베거나 나무를 자른다.

그들 모두가 사로잡혔다. 그들을 지눕에 있는 세실리오 치에게로 데려갔다. 치는 가톨릭의 사제들과 군인들을 분리했다. 리베로와 그의 각료들은 거기서 마체떼에 난도질을 당하여 죽었다.

이 일은 3월 19일에 벌어졌다. 그날 바야돌리드에 남아 있던 라디노 시민들, 아이, 어른, 늙은이 모두 도시를 빠져나갔다. 그리고 새벽이 되자 한 연대가 바야돌리드에서부터 에스뻬따를 향해 대포의 포문을 열었다. 그들은 약 6km 떨어진 뽀뽈라(Popola)까지 진격했다. 빠져나간 시민들을 보호하기 위해서였다. 아직 바야돌리드에 남은 사람들은 약 만 명으로 피부색깔, 성별, 계급에 관계없이 혼란 속에 뒤엉켰다. 시장과 직원들은 기록 문서를 옮겼고, 행정관은 그의 사무실을 비웠다. 상인들은 가게 문을 닫았고, 여주인들은 몇몇 남은 불쌍한 사람들을 모아 뭉쳤다. 늙은 사람들도 정처 없이 걷기 시작했다. 이들은 두 번째 연대를 뒤따라 나갔다.

마야 사람들은 바야돌리드로 진격했다. 그들은 보이지 않게 도착했다. 마야 사람들은 밤에 소리도 없이 나타나서 산 후안과 산따아나에 있던 모든 군인들을 하나씩 죽였다. 새벽 7시가 되자 레온 대령만 몇몇 부하들과 함께 탈출했다. 깜뻬체로부터 온 제17연대는 전쟁에 진저리가 났다. 모두 "메리다로"를 외쳤다. 레온은 그들과 함께 메리다로 갔다. 주지사 산띠아고 멘데스는 상황을 이해했다. 멘데스는 마지막 카드를 내었다. 아바나에는 스페인 함대 3대가 무기와 탄약을 갖고 있었다. 그러나 유까딴으로 오는 길목은 미국의 함대가 벨리즈의 무역을 감시하기 위해서 있었고 자메이카에는 영국의 함대가 있었다. 그는 스페인, 영국, 미국에 '유까딴의 주권을 넘기겠다'는 조건을 내세우며 도와주기를 부탁하는 편지를 보냈다. 이미 그 전해 9월에 그의 사위이며, 자유주의자 문인인 후스또 시에라 (Justo Sierra O'Reilly)[33]를 워싱턴에 보내었다. 시에라는 깜뻬체에서 베라

---

33) 바야돌리드에서 세실리오 치와 만나는 두 번째 협상의 자리에 간 마누엘 시에라 신부는 그의 형이었다.

끄루스를 떠나 미국에 닿았다. 그는 서기관 부차난(Buchanan)을 만나 멕시코와 미국의 전쟁에 있어서 유까딴의 중립적인 입장을 말하고, 까르멘 도시에서 미 해군이 철수하기를 부탁했다. 그러나 당시 멘데스는 멕시코로부터 유까딴이 떨어지는 것을 선언했지만 완전한 독립은 아니었기 때문에 미국은 유까딴의 중립을 믿지 않았다. 그사이에 멕시코와 미국 사이의 전쟁이 끝났다는 소식이 왔다. 시에라는 멕시코의 보복으로부터 유까딴을 지키려고 했다. 시에라는 멘데스의 제안을 담을 편지를 포크 대통령에게 전했다. 백악관에서 회의를 열었다. 미국의 동부 도시들은 마야 사람들을 상대로 하는 전쟁에 참여하겠다고 했다. 그러나 다른 한편은 유까딴을 도우려고 멕시코 정부와 맞서게 되는 것에 반대했다. 대통령은 이를 보류하고, 동시에 먼로 독트린[34]을 내세우며 유럽국가들의 참여도 반대했다. 신문에서는 원주민의 지도자인 하신또 빠뜨가 아일랜드 출신이라고 나와서 인종전쟁으로 묘사한 시에라의 입장은 거짓말을 한 것같이 되었다.

멘데스가 주권을 내놓는 제안을 할 그 무렵에 주지사는 바르바차노로 바뀌었다. 깜뻬체의 제17연대는 이에 반대하여 그들의 집으로 돌아갔다.

1848년 4월 18일, 하신또 빠뜨는 떼깍스(Tekax)와 뻬또(Peto) 사이에 위치한 추까깝(Tzucacab)에서 라디노들과 마야 사람들이 협정을 하기 위한 모임을 주관했다. 벨라(Vela) 신부, 펠리뻬 로사도(Felipe Rosado) 대령, 그리고 조금 낮은 계급의 신부가 용감하게 나섰다. 하신또의 형제인 에스떼반 빠뜨(Esteban Pat), 부관인 바레라(José María Barrera)와 얌(Juan Justo Yam)이 모였다. 밖에서는 라디노와 원주민들이 시끄러웠다. 다음 날 아침 술 취한 원주민들은 집들을 약탈하고 있었다. 벨라 신부는 대담하게도 그들 사이에 뛰어들어 성당으로 가서 기도를 올렸다. 밤이 되어 오스꾸츠깝

---

34) Monroe Doctrine. 1823년 미국의 대통령인 먼로(James monroe)가 국회에서 "라틴아메리카에 세워진 새로운 정부를 무너뜨리려는 어떠한 시도도 유럽에서 시작하는 것을 용납하지 않겠다."고 선언한 것으로, 이 후 유럽의 간섭을 배제하고 아메리카에서 미국의 영향력을 키우는 정책으로 사용하였다.

(Oxkutzcab)의 라디노들이 왔다. 그들 사이에 있었던 협정은 다음과 같다.

1. 원주민들의 개인적 헌신을 없앨 것.
2. 세례와 결혼에 대한 권리를 줄일 것.
3. 마야 사람들은 그들의 밭을 가는 것을 자유롭게 즐길 수 있을 것 — 빌리거나 차압한다는 협박받지 않고.
4. 모든 고용인들은 그들의 빚을 탕감할 것.
5. 바르바차노가 평생 주지사가 될 것. 그는 마야 사람들이 유일하게 믿는 사람이다.
6. 하신또 빠뜨가 원주민들의 수장이 될 것.
7. 마야 사람들의 장총을 돌려줄 것(약 2,500정),
8. 아구아 아르디엔떼(agua ardiente)[35]에 붙인 세금을 없앨 것.

이것은 1821년의 독립선언과는 매우 다르며, 오히려 더 급진적이다. 이 협정은 구체적으로 라디노의 착취를 끝내는 것이며 300여 년 동안의 노예적인 마야인의 삶을 마감하는 것이다. 바르바차노는 협정에 서명했다.

그런데 제5조, 바르바차노가 영구 주지사가 되는 조항이 멘데스의 비위를 거슬렀다. 그것은 민주주의에 어긋나는 것이라고 생각됐다. 아울러 위의 네 조항도 마음에 들지 않았다. 그러나 빠뜨는 이전에도 수많은 약속이 깨어졌기 때문에 "바르바차노 정부가 유지되어야만 약속이 이루어질 것"이라고 생각했다. 그리고 장총은 마지막 보루이며, 아구아 아르디엔떼는 '원주민 공화국'의 국고를 기억해서 마지막에 넣은 것이었다.

워싱턴에서 이 소식을 들은 시에라는 '유까딴의 위대한 수장 하신또 빠뜨'라고 멋있게 수놓은 휘장과 금으로 만든 홀을 선물했다. 이것은 당연히 북쪽의 대표인 세실리오 치에게 좋게 보이지 않았다. 시에라는 둘을 이간시켜 시간을 벌고자 했다. 치는 이 소식을 듣자 빠뜨에게 겁쟁이며 배반자라고 편지를 보내고 부하들을 이끌고 떼아보(Teabo)로 갔다. 거기서 약 200여 명을 죽이고 마니(Mani)까지 갔다. 거기서 직속 부관 라이문도 치

---

35) 원주민들이 술을 대신하여 마시는 것이다.

(Raimundo Chi)를 1,500명과 함께 보내서 하신또 빠뜨를 습격해서 잡고, 홀과, 깃발과 계약서를 받아서 그 자리에서 찢었다. 이것이 협상의 마지막이었다.

## 4.4. 마야 사람들의 패퇴(1848~1849)

까르멘 벨요(Carmen Bello)의 뒤를 이어 제4연대를 지휘하는 멘데스(Juan José Méndez) 대령은 게릴라를 탐색하기 위하여 이사말 쪽으로 두 부대를 보내었다. 한 부대가 400명으로 이루어진 두 부대는 조심스럽게 이사말로 접근하였는데, 그들이 마을에 닿자 깜짝 놀랐다. 마야 사람들이 가 버린 것이었다. 그리하여 빠소스(Pasos) 대령과 휘하의 제3연대가 마을을 점령하고 있었으며, 남아 있는 마야 사람들을 죽이기에 바쁘다는 것을 알았다. 세띠나 대령은 남쪽으로 전진하여 방심하고 있던 띠꿀(Ticul)을 습격하여 마을에 있던 원주민들을 죽이고 마니로 떠났다.

마야 사람들에게 어떤 일이 일어났나? 까스따 전쟁이 끝나고 세월이 흘러간 후에 전쟁을 이끌던 마야 지도자들의 하나이었던 끄레센시오 뿌뜨(Crescencio Poot)의 아들인 레안드로 뿌드(Leandro Poot)가 유까딴에서 마야 문명의 유적을 발굴하고 있던 미국 영사 허버트 톰슨에게 설명한 바에 의하면,

"아버지가 아깐께(Acanceh)에서 승리를 거두고 난 뒤, 그것을 축하하는 잔치를 약 5일간 하고 띠호(T-ho, 메리다를 말함)를 향해 가려 할 때에 사방에서 검은 구름이 일었다. 그것을 본 아버지 휘하의 사람들이 그의 형제들에게 말했다 '야, 우리가 옥수수를 심을 때가 왔다. 그렇지 않으면 우리는 굶을 것이다'라고 했다. 이리하여 모두 의논한 끝에 많은 사람들이 고향으로 돌아가기로 했다. 그의 아버지는 '백인들을 확실히 몰아붙이자'고 부탁했으나 아무 소용이 없었다. 남은

원주민 지휘관들은 자신의 마을 공동체에 기초를 두고 있었다. 전쟁을 수행하기 위해 그들이 모은 사람들은 군대 경험이 있는 사람도 있었지만 대부분은 그냥 농장에서 일하던 사람이거나 단순히 불려서 온 사람들이었다. 지휘자 자신들도 빠뜨와 치와 같이 바땁으로서의 권위를 갖지 못했다. 그들은 단순히 모인 사람들의 대표였을 뿐이었다.

그리고 레안드로 뿌뜨와 그의 동족 원주민의 '사고방식'은 이것이었다. 그들은 외국인(라디노)들과 싸워, 몇천 정의 총을 얻었고, 수많은 반장화를 얻었다. 그것은 좋았다. 그러나 이제 옥수수를 심을 때가 왔다. 이제 삶을 생각해야 했다. 그들은 종교적 의무와 가족에 대한 책임감을 기억했다. 모두들 '식까닉(Shickanic, 마야어로 '나는 간다'라는 뜻)'이라고 말하며 동쪽으로 길을 잡았다. 그들은 농부이지 군인이 아니었다. 그들에게는 명령하는 사령관이 없었다. 그들은 스스로 왔으며 자신들의 지도자인 바땁(batab)에게 충성할 뿐이었다. 바땁들은 서로 동의를 구하고 이해하며 무리를 이끌었다. 그렇게 서로 힘을 모아 '외국인(Dzul)'[36]'과 싸웠던 것이다. 이제 그들은 수없이 갈라진 오솔길로 흩어져 갔다. 그들은 목표는 작은 초가집과, 아내 그리고 귀여운 아이들과 옥수수 주머니였다.

적이 약해진 것을 눈치 챈 멘데스 대령은 1,200명을 모아서 바야돌리드로 향하는 길의 뚠까스(Tunkás)에 집결했다. 그들은 마을과 들을 태우고 말과 총알과 비축물과 포로를 잡았다. 마야 사람들은 하던 일을 중도에 두고 다시 뚠까스로 모였다.

---

36) Dzul. 마야 사람들에게는 마야 사람이 아닌 사람들은 다 '외국인'이었다. 여기에는 라디노들이 지배하고 있어도 그들은 이방인에 불과하며, 그 땅에 살고 있는 자신들이 '영원한 주인'이라는 마야 사람들의 사고방식을 나타내고 있다.

그러나 그들은 더 이상 바야돌리드에서 쫓기던 라디노들이 아니었다. 라디노 진영은 전면적인 전쟁을 선언했다. 이러한 변화에도 불구하고 마야 사람들은 그들의 축제를 지키고, 기도 및 불과 술을 통하여 환상적인 힘의 도움을 부르고 있었다.

띠꿀에서 하신또 빠뜨도 잘못되고 있었다. 라디노들이 무나를 재점령하였을 때 그는 한 농성에서 움직이지 않고 깐차깐(Canchakan)의 진지를 태우고, 떼꼬(Tecoh)를 뒤쪽에서 공격했다. 세띠나 대령은 스스로 앞서서 지휘했다. 백병전은 밀리고 밀었다. 뿍(Puuc) 언덕 위의 이 백병전은 7월 29일에 끝났다. 이날 빠뜨는 그의 부하들의 숫자가 현저히 준 것을 보고 후퇴하지 않을 수 없었다. 그는 뻬또를 향해 퇴각했다. 가는 길에 띠꿀(Ticul), 떼깍스(Tekax)를 지나며 백인들을 몰살했다. 세띠나도 그의 부하들을 두 줄로 나누어 떼깍스로 보내었다─한 줄의 부대가 다른 하나를 엄호하며, 마야 사람들의 방어벽도 두 줄로 막았으나 그들은 쉽게 마을을 점령했다. 포로로 잡힌 마야 사람들을 채찍으로 때리며 비어 있는 건물의 2층으로 몰아가서 거기서 팔과 다리를 잡아 군인들이 총검을 받치고 있는 아래로 밀어 떨어뜨렸다. 그중에 끌고 가는 군인의 다리를 걸어차며 우는 어린아이가 있었다. 그 아이도 잡아서 총검 위로 밀었다.

뻬또와 바야돌리드 사이의 길에서도 처절한 전투가 있었다. 마야 사람들은 우이(Huhi)의 농성에서 물러서지 않았다. 총알이 다 떨어지자 꼬꼼 마야 사람들은 약스까바와 소뚜따를 버리고 숲 속에 있는 그들의 땅으로 후퇴했다. 그들이 버리고 간 광장들을[37] 빠소스 대령과 너무 늦게 와서 아무런 도움이 되지 못했던 제5연대가 차지했다.

뿍(Puuc)의 낮은 산들에 둘러싸여 있는 깜뻬체의 북쪽은 산들이 도로와 마을을 갈라놓고 있어서 비교적 안전했다. 아구스띤 레온은 다시 징병을

---

[37] 마야 사람들이나 스페인 사람들이 거주하는 마을의 가운데에는 공동의 광장이 있다. 중요 공공행사. 장사 축제. 등 마을사람들의 공동행사가 이루어지는 곳이다. 광장을 차지했다는 것은 마을을 점령했다는 의미이다.

하여 제16과 17연대에 합류할 것을 명했다. 그들은 메리다에서 깜뻬체로 가는 길에서 처참한 싸움을 했다. 그리고 호뻴첸(Hopelchen)을 훨씬 앞서서 진지를 구축했다.

파종기에 흩어지는 것과 같은 서쪽 마야 사람들의 태도는 점점 라디노의 세계를 다시 구축하는 데 도움이 되었다. 이전에 백인이 지배하는 것에 익숙했던 이들은 동쪽에서 온 동족들과 같은 모욕감을 느끼지 않았다. 그들은 여러 사건에도 불구하고 외국인(라디노)들이 전지전능하다는 생각을 버리지 않았다. 그들의 채찍이 다시 휘날리자 그들은 스스로 후안 치(Juan Chi) 바땁의 명령을 따라 에께깔찬(Hececalchán)에 1,500명이 모였다. 그들은 지발체(Dzibalche), 깔끼니(Calkini), 할라초(Halachó)로부터, 심지어는 바야돌리드 함락에 힘썼던 뚠까스(Tunkás)로부터 온 사람들이었다.

라디노들이 전진하는 세력이 커지자 마야 반란군들도 토착원주민에 기반을 둔 반란군들을 더욱 많이 모았다. 라디노들은 이게 끊임없는 위협이라는 것을 알았다. 서쪽의 마야 사람들이 들고 일어섰다면 그들은 유까딴에서 떠났어야 할 것이었다. 그러나 반도의 동쪽은 식민지 시절에도, 독립 후에도 라디노의 지배력이 미치지 않았다. 백인들과 친구가 되는 마야 마을의 지도자들에게는 이달고라는 명예를 주었다. 그리고 백인들과 함께 싸운 마야 사람들은 '인디헤나(indígena, 원주민이란 뜻)', 그리고 맞서 싸운 자들은 '마야 사람(indio)'[38]이라고 경멸하는 말로 불렀다. 인디헤나들이 갖고 있었던 무기는 오로지 마체떼였다. 그들은 대체로 음식과 무기를 날랐다. 그러나 전선이 없고 후방도 없는 전쟁에서 그들도 백인들과 함께 싸우고 죽었다.

---

38) 현재 '마야 원주민'이란 용어는 원주민을 의미하는 '인디헤나(indígena)'에서 비롯된다. 그러나 최근까지도 원주민을 부르는데 '마야 사람(indio)'라는 용어를 썼다. 마야 사람의 기원은 스페인 사람들이 아메리카에 도착했을 때, 인도라고 착각했기 때문에 '인도 사람'이란 의미의 '마야 사람'을 사용한 데서이다. 그러나 인도가 아니라는 것이 밝혀지고 난 후에도 원주민을 계속 마야 사람이라고 불렀으며, 마야 원주민이 사회계급에서 최하위를 이루자, 마야 사람들과 아무런 관계가 없는 이 용어는 '가장 천한 사람들'을 의미하게 되었다.

마야 사람들이 유리했던 협상을 결렬시키고, 승리의 절정에서 갑자기 공격을 중단하고 집으로 돌아가서 라디노들에게 반격할 준비를 갖추게 해 주었을 뿐만이 아니라, 라디노의 세계와 밀접한 관계에서 살고 있었던 북서쪽의 마야 사람들이 반란군에서 이탈하도록 했다. 전쟁은 계속되었고 마야 반란군들에게는 이 모두가 결정적으로 불리하게 작용했다. 게다가 마야 사람들은 벨리즈에서 총과 폭약을 구입할 돈을 점점 쉽게 구하지 못하고, 오랜 전쟁으로 밀빠를 정기적으로 가꿀 수 없어 식량도 제대로 갖지 못했지만, 라디노에게는 필요한 것이 밖에서 계속 공급되었다. 제일 먼저 하바나로부터 장총 2,000정과 대포와 음식이 왔다. 베라끄루스와 뉴올리안스의 자선조직은 13만 kg의 옥수수와 돈을 보냈다. 그리고 유까딴 정부는 교회의 금, 은, 동으로 된 조상과 촛대 등을 돈으로 바꾸어 총탄을 샀다.

## 4.4.1. 세실리오 치의 죽음

바르바차노는 재빨리 그의 옛 상관이 제안하는 것을 지지했다. 워싱턴에 있는 시에라에게 '이전에 보낸 제안'을 철회하라는 내용을 보냈다. 그리고 멕시코의 대통령에게 연방으로서 유까딴의 자주권을 인정해 준다면, 멕시코 연방의 한 주로 편입할 것을 제의했다. 그는 멘데스 유까딴 주지사가 미국과 멕시코 사이의 전쟁에서 중립을 표방한 것에 대해, 자신의 뜻은 아니었으나, 매우 유감스러운 일이었다고 썼다.

멕시코가 미국과의 평화협정을 비준한 후 11일 되는 날, 바르바차노의 사절들은 멕시코에 도착했다. 새 대통령 헤레라(Herrera)는 유까딴에 15만 뻬소를 보낼 것을 결정했다. 덕분에 유까딴 정부는 돌아가는 미국 군대의 무기를 살 여유를 가졌다. 5척의 멕시코 배가 28,000뻬소, 1,000정의 장총, 10만개의 총알과 30만kg의 화약을 갖고 7월 중순에 유까딴을 향하여 베라끄루스 항을 출발했다. 1848년 8월 17일 바르바차노는 멕시코 중앙정부와

종교세와 개인부역으로 억압하고, 폭력을 휘두른 신부들의 악행에 대한 저항이 까스따 전쟁이 일어난 이유의 하나라는 것을 보여 준다.

그림 23. 신부를 공격하는 마야 사람들(왼쪽), 치의 전기(오른쪽)

재결합한다고 선언했다.

하신또 빠뜨는 그의 부하들 중에서 잘 훈련된 자들과 계속 행동하고 있었다. 세실리오 치 휘하의 북쪽 사람들은 단순히 싸움을 그만두었다. 그들은 이미 보복에 대한 생각은 전혀 없는 듯이 보였다.

1848년 봄에 심은 곡식들은 7월 중순이나 되어야 추수한다. 만약 라디노들이 마야 사람들이 자체방어를 위해서 나서야만 하도록 공격하지 않았다면 그들은 밀빠에서 나오지 않았을 것이다. 8월 중순경에 유까딴 반도 북쪽의 마야 사람들이 모여서, 치의 명령에 따라 약 5,000명이 약스까바(Yaxcaba) 요새를 공격했다. 첫날에는 빠소스 대령이 소뚜따로 도망갔다. 그러나 다음 날 1,484명의 후방 부대를 데리고 다시 나타났다. 여기에 뚠까스에서 대포가 오고, 세노띠요(Cenotillo)에서는 지원병이 왔다. 치의 군대가 약스까바(Yaxcaba)에 있는 동안 그들은 오히려 북쪽을 점령하고 있었다. 제5연대는 에스삐따(Espita)와 깔로뜨물(Calotmul)에서 띠시민(Tizimin)으로 전진했다. 여기서 처음으로 모든 마야 바땁들의 가족이 항복했다. 제4연대는 바야돌리드로 가는 길을 점령하고 예르고 장군은 피했던 소뚜따(Sotuta)에서 다시 일어났다.

이 싸움 동안 바야돌리드의 대리사제인 마누엘 시에라(Manuel Sierra O'Reilly)는 절반은 자유롭고 절반은 포로인 상태로 마을에서 마을을 전전하며 축제를 축복하고 종교적 의무를 했다. 원주민들로서는 그가 외국인(라디노)이기 때문에 미워했지만 사제이기 때문에 필요했다. 축제는 미사 없이는 완벽하지 못했고, 십자가는 축복을 받지 못하면 나무에 불과했다. 마누엘 시에라는 사제로 있는 동안은 의무를 다했다. 그러나 전투가 가까워지자 시에라는 북쪽으로 탈출했다. 라가르또 강에서 버려져 있는 배를 타고 질람으로 갔다. 의례를 열어 주는 사제가 사라지자 마야 사람들은 대체물을 찾아 헤매었다. 이 소망은 한참 나중에야 이루어졌다.

하신또 빠뜨는 떼깍스(Tekax)의 라디노를 공격할 수 있는 후방부대를 갖고 있었지만, 그들도 농사철이라 움직이지 않았다. 그들이 다시 행동했을 때는 벨리즈로부터 폭약과 총탄을 받은 후인 9월이었다. 마르셀로 빠뜨(Marcelo Pat)[39]와 호세 마리아 바레라(José María Barrera)는, 자신들이 그렇게 하지 못할 것을 알고 있었지만, 항복을 시도하는 한 명의 중요한 바땁을 처형하려고 뻬또에 멈추었다. 라디노는 제1연대의 지휘자를 세띠나(Cetina)에서 쁘렌(Pren) 대령으로 바꾸었다. 세띠나는 막 구성된 제7탐사대를 이끌 것이었다. 쁘렌은 제6연대의 도움을 받아 떼깍스를 유지하려고 했다. 9월에 시작한 전투는 10월 중순까지 끌었다. 떼깍스 남동쪽에 위치한 술(Xul)에서 큰 전투가 있었다. 마침내 마야 사람들은 라디노들을 오스꾸츠깝(Oxcutzcab)까지 밀어내었다. 예르고(Llergo) 장군이 도우러 나섰

---

39) 하신또 빠뜨(Jacinto Pat)의 아들이었다.

다. 그는 600명을 보내어 전면전을 했다. 언제나처럼 마을을 불태우고 숲에 숨어 게릴라전을 펼치던 마야 사람들은 숫자에 밀려 전면전으로 나설 수밖에 없었다. 오스꾸츠깝(Oxcutzcab)에 이어 떼깍스(Tekax)에서도 같은 양상이 벌어졌다. 마을사람들까지도 나섰으나 역부족이었다.

폭약을 다 쓰고 마르셀로는 등에 총을 맞았다. 마야 사람들은 진지를 태우고 뻬또까지 물러섰다. 희멘(샤먼 또는 무당)이 와서 희망을 갖고 기도하였으나 총알은 등뼈를 관통하여 치명적이었다. 그의 장례는 유까딴 마야 문명의 큰 추장이었을 그를 기리는 의례다웠다. 온 동네의 마야 사람들이 와서 울었다. 밤새도록 촛불을 밝히고, 로사리오 염주를 만지면서 기도했다. 그리고 죽은 자를 위하여 술을 마셨다. 하신또 빠뜨는 술에 취했다. 깨자 광장을 한 바퀴 돌고 피곤한 모습으로 말을 타고 그의 마을 띠호수꼬로 갔다. 예르고 장군은 메리다−바야돌리드, 메리다−뻬또에 이르는 길에서 전면적인 전투를 벌였다. 1, 2, 3, 4, 6연대가 모두 출동했다. 밀리는 마야 사람들을 공격하는 백인군대는 총 3,500명이었다. 겨우 11명이 죽고 41명이 다쳤다. 마야 사람들에게는 이미 총알이 얼마 남지 않았다. 그들은 이들 베테랑 백인들을 향하여 나무 사이에 숨어서 정확히 조준해야 했다. 총에 맞지 않고 다가오면 마체떼로 방어했다. 그러나 도망치기 위하여 한 방어였기 때문에 힘이 없었다. 그렇게 뻬또(Peto)는 정복되었으나 텅 비어 있었다. 마야 사람들은 이미 가까이 있는 셀바(아열대의 숲)[40]로 도망가서 잡을 수 없었다.

정부군이 승리를 했다는 소식이 퍼지자 숨어 있었던 사람들이 군대가 있는 뻬또로 줄을 이었다. 붙잡혔던 사제들, 희망을 잃은 메스띠소들, 잘못 온 바르바차니스따들, 언제나 백인 측이었던 마야 사람들과, 갑자기 그

---

40) selva. 아열대의 숲을 이르는 말이다. 셀바는 대체로 습기가 많아 질척거리는 땅에 녹색이 진한 나뭇잎과, 가지, 뿌리가 뒤엉켜 있다.

렇게 된 마야 사람들, 모두 합이 1,500명가량 되었다. 도망갔던 지방군대는 다시 모여들어 재정비했다. 그들에게는 다시 문명이 왔다고 느껴졌다. 10월, 11월 사이에 후퇴하는 마야 사람들을 향한 마지막 공격이 이루어졌다. 제4연대는 쁘로그레소(Progreso)와 조노첼(Dzonotchel)을, 제1연대는 사깔라(Sacala)와 이츠물(Ichmul)을 공격했다. 그리고 1848년 12월 13일에는 띠호수꼬에 저항 없이 들어섰다. 마을은 깨끗했다. 교회와 시청사도 깨끗했고, 잡초도 없이 잘 정비되어 있었다. 하신또 빠뜨는 그가 태어난 마을을 전혀 손상케 하지 않았던 것이다.

보병대대와 제5연대가 입성한 바야돌리드는 그렇지 못했다. 교회에는 성자가 없었고, 탁자에는 십자가가 없었다. 탑의 종들은 내려져 묻혀 있었다. 개인의 집들은 털리고 불태워졌다. 풀들은 멋대로 자라 있었다. 이 도시는 언제나 외국인(라디노)과 그곳에 살고 싶어 하지 않은 마야 사람들이 살았던 곳이다. 마야 사람들에게는 의미가 없었다. 파괴된 바야돌리드는 '동방의 술탄'이라는 명성을 다시는 찾지 못했다.

바야돌리드로부터 부채살로 퍼져 찬세노떼(Chancenote)와 체막스(Chemax)에 그때까지 남아 있던 마야 사람들을 잡았다. 동남쪽 구석에 있는 바깔라르(Bacalar)를 제외하고 짧은 기간 동안 마야 사람들이 휩쓸었던 도시들에 다시 라디노들이 들어왔다. 마야 사람들은 숲으로 흩어졌다.

하신또 빠뜨는 따비(Tabi)로, 보니파시오 노벨로는 마하스(Majas)로, 세실리오 치는 찬첸(Chanchen)으로, 모두 셀바 한가운데에 있는 마을이었다. 세노떼 주위로 몇몇의 임시 초가를 세우고 살았다.

때를 맞추어 벨리즈로부터 탄약이 왔다. 흩어진 원주민들은 다시 모였고, 그들은 깜뻬체에 가까운 체네스(Los Chenes) 지역의 바땁에게도 도움을 요청했다. 띠호수꼬에서는 하신또 빠뜨가, 사반에서는 두 메스띠소 바레라(Barrera)와 엔깔라다(Encalada)가 이끌고 있었다. 전투의 양상은 비슷했다. 제일 먼저 산발적인 총을 쏜다. 그다음에 가까이서 습격한다. 백인들을 향해 둥글게 첫 공격선을 친다. 두 번째 줄의 전사들은 앞줄의 전사들을 도와주기 위해 선다. 그리고 중앙으로 집중적으로 총을 쏜다. 이기기도 하고 지기도 하며 무수한 공방전을 펼쳤다.

띠호수꼬에는 쁘렌(Pren), 이츠물(Ichmul)에는 로사도(Rosado), 사반에는 후안 데 라 끄루스(Juan de la Cruz), 하신또 빠뜨는 이츠물 북쪽의 스까빌(Xcabil), 바레라는 남쪽의 우이막스(Uymax)에서 대치했다. 1849년 봄에는 띠호수꼬와 사반에서 잘 견뎠다. 라디노들은 여러 번 졌다. 그러나 양쪽 도시에는 이미 라디노들이 넘쳤다. 그들은 집집의 지붕과 창문에 총을 쏘았다. 숨어 있던 사람들을 잡았다. 마야 사람들은 밤에 습격했다. 마체떼와 주먹까지 날렸다. 양쪽 다 포로는 살아남지 못했다. 봄이 오자 백인들이 닿지 않는 먼 곳의 새로운 땅에서 마야사람들은 다시 밀빠를 가꾸어야 했다. 게다가 벨리즈로부터 총알과 탄약도 더 이상 오지 않았다. 그들은 현금으로 지불하기를 주장했다. 싸움의 불은 꺼져 가고 있었다.

띠호수꼬가 점령당한 다음 날, 누가 세실리오 치를 살해했다. 살해한 현장을 발견한 사람들은 무기와 탄약을 저장하고 있던 초가로 도망가 있는 살해자를 마구 쏘았다. 천정으로 총알이 들어가서 터졌다. 그는 조각조각이 났다. 까스따 전쟁에서 가장 용맹스러웠던 이 바땁을 죽인 자는 허무하게도 그의 아내와 사랑에 빠진 아따나시오 플로레스라는 그의 부하였다. 사람들은 치에게 가장 좋은 옷을 입히고, 수놓은 허띠 띠를 두르고 마체떼를 옆에 놓았다. 그는 태어난 떼삐츠의 묘지에 묻혔다. 분노한 주민들에 의해 칼로 난자당한 그의 아내는 까마귀밥으로 버려졌다.

까스따 전쟁에 대한 자료 수집과 매년 7월에 열리는 까스따 전쟁 기념식을 주관한다.

그림 24. 까스따 전쟁 연구소, 띠호수꼬(Tihosuco, Quintana Roo)

까스따 전쟁 때 폭탄을 맞아 천정이 날아가 버렸다. 천정이 열린 채로 여전히 예배를 본다.

그림 25. 띠호수꼬의 성당

열린 성당의 내부. 검은색의 작은 십자가들이 걸려 있다. 휴일을 맞아 그 역사의 현장을 찾은 관광객들.

그림 26. 띠호수꼬의 성당

까스따 전쟁 때부터 있던 검은 색 십자가에 두 개의 붉은 색 창이 엇갈려 있다. 십자가를 믿고 전쟁 앞에 선 사람들임을 보여 준다.

그림 27. 띠호수꼬 대성당의 뒤쪽 마당

## 4.4.2. 계속되는 전쟁

반란은 끝났을 법했다. 그러나 승리의 정점에서 메리다로 진격했어야만 했던 전략을 몰랐던 것과 마찬가지로, 자신들의 절망적인 상황을 몰랐던 마야 사람들은 총과 탄약이 없이 계속 싸웠고, 때로는 이기기도 했다. 그 사이사이에 백인들이 못 태우고 간 농작물을 추수했다. 뿔뿔이 흩어져 도망간 바땁들이 뭉쳐서 공격을 시도하기도 했다.

빠뜨의 농장이 있는 꿀룸삐츠(Culumpich)에 베르가나 대령의 파견대들이 들어왔다. 그들은 빈 마을에서 아구아아르디엔떼가 많이 있는 것을 보았다. 그것을 마시며 축하하다가 술에 취하여 쓰러졌다. 그러자 마야 사람들이 쏟아져 나와서 마차떼로 그들을 공격했다. 마야 전사들의 외침을 듣자 몇 명의 술에 취하지 않은 병사들이 뛰어나와 총을 쏘기 시작했다. 어둠 속에서 마야 사람들은 소라고동을 불고, 북을 치며 멋대로 돌아다녔다. 라디노의 군대는 총알이 다할 때까지 어둠을 향해 쏘았다. 이윽고 띠호수꼬로부터 지원병이 뛰어왔으나 그들은 행복하게 또는 피곤한 모습으로 취해서 자고 있거나 헤매고 있는 백인병사들을 보았다. 다음 날 아침, 그들은 아픈 머리를 안고 머리끝까지 화가 난 로사도 대령을 마주해야 했다.

전쟁을 종식시키기 위해 1848년 여름에 미국의 제13연대 군인들이 출동했다. 그들은 병적에 있는 군인은 한 달에 8달러씩과 평화가 온 후에는 130헥타르의 땅을 주겠다는 유까딴의 제안을 받아들였다. 조셉 화이트(Joseph A. White) 대장을 선두로 938명이 뉴 올리안즈에서 시살로 들어왔고, 그들은 떼깍스로 향했다. 1848년 9월 그들은 꿀룸삐츠로 갔으나 300명의 전사자를 내고 퇴각했다. 당시 뻬또와 이츠물 사이의 전투에서는 백인들이 꽤 많이 죽었다. 산따 마리아에서 졌을 때는 47명, 따비에서는 36명이 죽었다. 그러나 여기서는 300명이 무더기로 죽었다.

레안드로 뿌뜨는 톰슨에게 그때의 이야기를 생생하게 전했다: "메리다의 백인들은 우리들처럼 숲의 나무 뒤에 숨어서 쏘는데, 그들은 줄로 서서 총을 쏘았다. 게다가 키가 크고 얼굴이 붉어 쉽게 눈에 띄었다. 우리들은 그들을 많이 죽였다. 그들도 우리를 많이 죽였지만, 우리의 숫자가 더 많았다. 그리고 마야 사람들은 모두 죽어야 했기에 용감했다. 죽으면서도 웃거나 무엇을 중얼거렸다. 아무도 겁쟁이처럼 죽지 않았고, 아무도 도망가지 않았다. 그들에게는 먹거나, 자거나, 죽은 자들을 묻어 줄 시간도 없었다."

일주일이 지나자 미국의 하사관들 중, 많은 사람들이 이런 유형의 싸움을 싫어했다. 띠호수꼬의 미국인들은 화이트 대령과 함께 바야돌리드로 갔다. 대부분은 이 전쟁을 좋아하지 않았다. 그들은 지불이 늦어지는 것에 대하여 불평하며 미국으로 돌아갔다. 유까딴의 마야 사람들과의 싸움은 아주 쉽게 보였다. 그러나 승리 대신에 60~70명이 죽고 150여 명이 다쳤다. 화이트는 자신의 명예를 회복하기 위해 밀린 지불을 요구하며 메리다를 공격하려고 했다. 실행하지는 않았다. 얼마간의 군인들은 자발적으로 유까딴에 남고, 약 140명은 제7분대를 이루어 켈리(Kelly) 대장이 이끌고 바깔라르를 향했다.

띠호수꼬로부터 남쪽으로 177km 떨어진 바깔라르 마을 사람들은 배 또는 노새를 이용한 벨리즈와의 밀무역으로 번성했다. 여기는 유까딴처럼 심하게 인종적으로 분리되어 있지 않았다. 그러나 북쪽에서 마야 반란군들이 계속 폭약을 사러 오자 이야기가 달라졌다.

빠뜨의 부하인 베난시오 뻭(Venancio Pec)이 협박을 했다. 그는 백인들에게 감정이 없고 언제나 그들을 잘 대한다고 했다. "625리브라의 폭약과 얼마간의 장총, 이것만 주면 가겠다. 그렇지 않다면……" 군인인 뻬레이라(Pereira) 대장은 옛 요새 산 펠리뻬(San Felipe)에 진지를 구축했다. 그리고 온도 강으로 사람을 보내어 멕시코 측의 반응을 기다렸다. 그들은 도와줄 수 없었다. 그사이에 뻭은 요새 주위에 매복하여 포위하고 습격할 작전을 짧다. 포위를 뚫을 만한 총알이 없다고 판단한 뻬레이라는 부하들의 목숨을 구하기 위하여 요새에서 나와서 항복하고 바깔라르를 넘겼다.

온도 강 다른 편에는 찰스 판쿠트(Chales Fancourt) 대령이 벨리즈에서 영국 측 총지배인으로 있었는데, 그는 영국의 신하들을 보호하기 위한 지원을 요청하고, 상업은 항상 열려 있다고 했다. 그에게는 영국인이 아니라는 점에서 끄리오요, 라디노, 메스띠소, 마야 모두가 다 같았다. 그의 태도에 메리다의 백인들은 분개했다. 그는 1,000명의 백인과 5,000명의 물라또 및 흑인 노예를 취급하고 있었다. 그는 메리다에서 요청하는 대포를 보내는 것을 거절하고 마야 사람들에게 총과 총알을 파는 것을 금지하지 않았다. 그로서는 까스따 전쟁이 인종적이라기보다는 정치적으로 보였다. 그는 중립을 유지했다.

셀바 동쪽으로 몰린 마야 사람들은 여전히 싸웠다. 바르바차노 주지사는 영국이 국경선을 닫고 무기를 더 이상 공급하지 않고 반란군들이 숨어 있는 곳에서 멈추도록 해야 한다고 말했다. 영국 상인과 밀수꾼들은 마야 사람들이 탄약이 필요하다는 것을 알았다. 그들은 장사를 멈추지 않았다. 바르바차노는 바깔라르를 직접 공격할 계획을 세웠다.

1849년 4월 20일, 스페인 배가 시살을 떠났다. 유까딴 반도를 돌아서 8일 만에 온도 강어귀에 닿았다. 군인마다 일주일의 식량을 주고 20개의 카누에 그들을 나누었다. 카누들은 전함 띠딴의 보호를 받고 있는 동안, 500명이 상륙하여 벨리즈 피난민의 안내로 강의 북쪽으로 갔다. 온도 강은 좁고 양 영안은 숲이 우거졌다. 4~5km를 가자 총탄이 날아와서 맨 앞의 카누 군인들을 다 죽였다. 그러나 주력부대의 보호를 받으며 대포까지 싣고 지류인 착(Chaac) 강에 도착했다. 여기서 배에 50명만 남기고 나머지는 늪지를 밤새도록 걸어 새벽에 큰 호수에 도착했다. 바깔라르 호수였다. 반란군들이 있는 곳이었다. 세띠나 대령은 공격명령을 내렸다. 별다른 저항이 없이 24개의 바리케이트를 점령했다. 그리고 도시를 점령했다. 마야 사람들이 가져가지 못한 또르띠아(tortilla)[41]와 프리홀(frijol)[42]이 많이 남겨져 있었다.

도시를 점령하자 세띠나는 호수 주위로 16개의 감시소를 이어 지어 착호수의 입구에 기지를 세우고 '걷는 길(도로)'을 유지했다. 그동안 스페인 함정 띠딴은 온도 강 어귀를 감시했다. 이로써 80km의 해안선을 봉쇄할 수 있었으므로 마야 사람들은 라디노의 길과 나란히 놓였지만 좀 더 긴 길을 가거나 숲 속 길을 가야 했다.

하신또 빠끄는 이 위협을 곧 감지했다. 곡식을 심을 철이었으나 호세 마리아 축(José María Tzuc)과 함께 4~5,000명의 사람을 보냈다. 이들은 바깔라르가 라디노 군대의 거점마을로 되어 가는 것을 위협하였고, 5~6월에는 점점 더 자주 감시소를 공격했다. 1849년 6월 29일에 새벽 3시에 전면적인 습격을 감행했다. 도움을 요청하는 라디노의 클라리넷 소리가 위아래로 울려 퍼지고, 라디노들은 바리케이트 뒤로 숨어서 백병전으로 맞섰다. 전투는 밤새도록 계속되고 곳곳이 무너졌다. 그들은 거의 항복할 지경이었으나 기적적으로 새벽까지 버텼다. 그리고 요새에서 쏘아 대는 대포가 마침내 마야 사람들을 물러나게 했다.

포위는 몇 주간 계속되었다. 병들거나 다친 253명의 공백을 메우기 위해서 100명의 원주민 이달고가 왔다. 포위하고 있는 동안 벨리즈로부터 옥수수를 구입하기가 더 어려워졌다. 먹을 것이 점점 부족해져 갔다. 이때에 벨리즈로 망명했던 사람들 중 500여 명이 다시 바깔라르로 돌아왔다. 그러나 이 상황에서는 벨리즈를 버리는 것이 더 나빴다.

---

41) tortilla, 옥수수가루로 만든 얇은 전병이다. 고기나 야채를 싸 먹는 것으로 마야 사람들의 주식이다.

42) frijol. 팥을 삶아 익힌 후, 팥물과 알갱이를 옥수수전병인 또르띠아에 발라 먹는다. 또르띠야와 함께 마야 사람들의 가장 중요한 주식이다. 옥수수에 부족한 영양분을 공급하여, 서로 보완하는 음식물이라고 한다.

파괴된 띠호수꼬의 성당이 뒤에 보인다.

그림 28. 전쟁이 끝난 후 모인 마을사람과 어린이들

세띠나 대령은 아주 꼿꼿한 사람이었다. 나라를 떠나기 위해 여권을 원하는 사람은 몇 발짝 나서 보라고 했더니 5~6명이 나왔다. 그는 무기를 벗기고 그들을 총살하라고 했다. 아버지와 아들도 있었다. 자비를 구하자 아버지는 죽이고 아들은 살려 주었다. 다른 희생자는 비또 빠체꼬(Vito Pacheco)였다. 중앙집권주의자인 주지사 멘데스를 지지하였던 그는 바르바차노가 다시 권좌에 복귀하기 전까지 매우 정력적으로 활동하였었다. 이제는 동쪽 해안으로 물러나서 고기잡이를 하며 살고 있었다. 25명의 젊은이와 함께 해안을 보호하며. 대령은 그를 요새로 데려가서 저녁을 함께 먹은 다음에 총살했다. 세띠나는 모두 다 죽이더라도 바깔라르를 지키려는 의지를 보였다.

### 4.4.3. 하신또 빠뜨의 죽음

라디노들은 지도에 나와 있는 마을을 모두 다시 정복하고, 마야 사람들의 반격에 대비하고, 요새를 재정비했다. 마야 사람들은 죽었거나, 포로가 되었거나, 자신들의 땅에서 쫓겨났다. 그들의 물자 보급지인 바깔라르와의 교통은 끊어졌다. 꼬꼼(Cocom), 체네스(Los Chenes), 바야돌리드(Valladolid)와 띠호수꼬(Tihosuco)에서 도망친 사람들은 지도에 그려있지 않은 반도의 동쪽과 남쪽의 셀바로 숨었다.

이것은 단순한 군대의 철수가 아니라 전 종족, 즉 노인들, 여자들, 아이들까지 포함한 이동이었다. 이는 이미 200년 전부터 백인들의 압박과 그들의 인구가 증가함에 따라 서서히 시작된 것이었다. 가난한 마야 사람들에게 삶의 장소를 옮기는 것은 쉬운 일이었다. 그들의 집은 돌과 나뭇잎이었고, 가구는 없고, 침대인 아마까(hamaca)는 부피도 없고, 가벼웠다. 그리고 변변찮은 부엌도구와 옷가지 몇 조각이 전부였다. 비록 전혀 몰랐던 고장이라 하더라도 셀바는 익숙했다. 나무와 풀을 잘라 내어 밀빠를 만들고, 초가집을 지었다. 필요한 것은 마체떼와 총알이 조금 든 엽총과 약간의 먹을 것이었다.

피난민들은 가장 중요한 옥수수 알갱이가 든 보따리를 멨다. 콩, 고추, 호박, 고구마, 돼지와 닭 등은 가져갈 수 있는 만큼 챙겼다. 혹시나 되돌아올 때를 위하여 가져갈 수 없는 것은 숨겼다. 백인들은 1848년 수확기가 가까울 때 반격했다. 마야 사람들은 도망하면서도 경작된 땅을 가로질러 가면서 많은 부분을 수확할 수 있었다. 1849년에는 버려진 모든 것을 아직 이용할 수 있었다. 이해에는 굶주림과 뒤죽박죽된 상황에서 살아남을 수 있는 먹을 것이 아직은 있었다.

패배, 굶주림, 원주민의 나라에 대한 꿈의 사라진 것이 그들을 쓰디쓰게 했다. 함정에 걸려 쓰러진 동물들처럼 반란군들은 서로에 대해 반목했다. 세실리오 치의 살해 이후, 그의 부관이었던 플로렌띠노 찬(Florentino Chan)과 베난시오 뻭(Venancio Pec)과 하신또 빠뜨는 서로 믿지 못했다. 빠뜨는 누구보다도 라디노들의 세계를 잘 알았다. 길어지면 백인들이 이길 것을 알고 새로운 재난을 피하려고 벨리즈와 협상을 하려고 했다.[43) 판쿠트(Fancourt)에게 편지를 쓰고 벨리즈의 장로교 총리와 접촉을 시도했다. 찬(Chan)과 뻭(Pec)에게 이 풍문이 전해지자 그들은 빠뜨를 마야의 왕으로 선언할 것이라는 '추까깝 협정'을 기억했다. 당시에는 공허한 풍문이라고 여겼으나, 이제는 사실로 눈앞에 나타났다. 이것은 '계급전쟁'에 대한 배반이라고 생각되었다. 1849년 9월 3일, 뻭은 찾을 수 있는 모든 지휘관, 하사관, 바땁들에게 편지를 썼다. 빠뜨가 권력을 잡고 전쟁을 할 물건을 살 세금을 매길 것이며 의무적인 일을 부과하고 채찍으로 훈련시킬 것이라고 했다. 백인들과의 전쟁은 이러한 것을 종식시키려고 했던 것이라고 했다. "자기라면 하신또 빠뜨를 만나는 자리에서 죽일 것"이라고 써서 편지에는

---

43) 스페인의 식민지였지만, 벨리즈는 독립 무렵에는 영국이 실질적으로 장악하고 있었다. 영국은 벨리즈를 통하여 마야 반란군들에게 무기와 화약을 팔았다. 동시에 멕시코와는 벨리즈에서의 우위를 확보하기 위한 협상을 하고 있었다.

아직 치가 살아 있다는 분위기를 풍겼다. 이 편지는 대부분의 장소에 매우 늦게, 이미 쓴 목적이 의미가 없었을 때에 도착했다.

1849년 9월 8일, 뻭은 빠뜨가 그 전날 5,000뻬소를 가지고 무기를 사러 벨리즈로 가기 위해 근거지인 따비를 출발했다는 것을 알았다. 뻭은 따비(Tabi)에 남아 있던 몇몇 지휘관들과 함께 남쪽으로 쫓아갔다. 그리고 홀첸(Holchén)에서 빠뜨를 습격하여 살해했다. 바깔라르(Bacalar)에 도착하려면 아직 20km가 남아 있었다. 이것은 '까스따 전쟁'의 미래를 상징적으로 보여 주었다. 유까딴의 위대한 바땁의 죽음은 내부 분열과 수많은 마야 지도자의 죽음으로 이어질 것이다.

뻭과 그의 측근은 북쪽을, 찬은 남쪽의 해안 지역을 장악했다. 그러나 역사적으로 그랬던 것처럼 중앙집중적으로 통합하지는 못했다. 라디노들의 부대가 곳곳을 가로 막고 있었고 각각의 마을은 스스로 자급자족 할 수 있었기 때문이었다. 이들 각각의 마을들은 싸움의 대상이 같을 때만 함께 행동하였고 각각의 싸움은 자치적으로 했다. 싸움을 하러 나가는 전사들이 모이는 수도 50~300명 정도로 크기가 다양했다. 그들은 10명 단위로 모이고 섞이고 했다. 각 바땁이 지휘하고 그 바땁이 죽거나, 부하들이 많이 죽어서 영향력이 없어지면 다른 사람이 바땁이 되었다. 바땁의 인간성에 의지하여 사람들이 따르는 것이 대부분이었다. 그리고 바땁은 동료들과 마을을 지키는 부대에 대한 충성심이 있어야 했다. 이리하여 백인들은 마을 하나씩을 상대로 싸우고 점령해야 했다.

자까리아스 마이(Zacarias May)는 체네스(Los Chenes) 땅에서 계속 싸우고 있었다. 앙헬리노 이쯔아(Angelino Itzá)와 호세 마리아 축(José María Tzuc)이 이끄는 다른 한 그룹은 온도(Hondo) 강 가까이의 치찬하(Chichanhá)로 물러났다. 이 도시는 식민지 시대에도 있었는데, 1695년에 마을의 주민들이 그곳에 사는 스페인 사람들을 모두 살해할 계획을 세웠었다. 그 계획이 발각되자 모두들 셀바로 도망쳤다. 1733년부터 다시 사람들이 살았지만 까스 따 전쟁이 일어나자 주민들은 전쟁에 참여하거나 도망가기 위하여 뿔뿔이 흩어졌다. 1849년에 반란군들이 동쪽으로 밀려난 뒤 치찬하의 사람들은 앙 헬리노 이쯔아를 따라 자신들의 마을로 돌아왔다. 그들은 까오바 나무를 키워서 영국인들에게 팔았다. 1849년 4월 말에 유까딴 정부군이 바깔라르 를 재정복한 후에, 치찬하는 반란군들이 영국 사람들로부터 무기를 사는 곳으로 사용되었다. 그 밖에 여러 작은 무리의 지도자들도 자치적으로 마 을을 세웠다. 그들 중에는 메스띠소가 많이 있었다.

빠뜨의 농장에 모여서 반란을 계획했던 사람들 중에 유일하게 살아남 은 노벨로(Bonifacio Novelo)는 아직도 바야돌리드(Valladolid)와 끄루스첸 (Cruz Chen) 사이의 땅을 헤매고 있었다. 빠뜨(Pat)의 부관이었던 바레라 (José María Barrera)는 깜뽀꼴체(Kampocolché)에서 명령을 하고 있었고, 엔 깔라다(Pedro Encalada)는 로츠하(Lochha)에서 새로운 마을을 세우고 살았 다. 모두 메스띠소인 이들은 반란군이 바르바차노를 따르는 사람들이라고 생각했거나, 반란군이 이길 것이라고 믿고 라디노의 병영을 탈출하여 원 주민과 합류한 사람들이었다. 메스띠소들은 반란에 참여한 숫자에 비하여 반란군 내에서 권위는 그다지 없었다. 그러나 그들은 순수 마야 사람들과 비교하여 교육을 더 받았고, 지도력이 있었으며, 명령을 따르는 데에도 익 숙했다. 그들은 마야 사람들도 라디노도 아니었다. 그들이 전쟁에 나선 이 유는 라디노들이 불렀기 때문이었다. 논리적으로 메스띠소들이 백인들의 배반자라고 생각할 이유가 없었다. 그러나 라디노들은 그렇게 보았다. 백 인들이 그들을 잡으면 언제나 총살했다. 띠호수꼬와 사반(Saban)의 농성에 실패한 뒤 메스띠소들은 스스로 방어를 해야만 했다. 그들은 수동적으로 방어만 하지 않고 능동적으로 하여 바야돌리드의 거리까지 휩쓸고 맙 (Map)의 기지까지 가서, 비축물과 무기를 챙겼다.

이 시기 마야의 가장 큰 승리는 사반의 남쪽으로 48km 떨어진 띠뚝(Tituc)

에서 있었다. 빠소스(Pasos), 빠비아(Pavia), 노벨로(Juan de Dios Novelo) 대령들이 535명을 이끌고 16일 동안 띠뚝(Tituc)을 포위했다. 그들은 마야 사람들을 끌어내려고 여러 가지로 노력하여 전략적으로 띠뚝을 버리고 사반으로 후퇴하고자 했다. 띠뚝으로부터 몇 km 떨어진 곳에서 마야의 방어선을 만나서 앞으로 나아갈 수 없었다. 라디노의 전열이 혼란해지자 마야 사람들의 다른 부대가 옆에서 공격해 왔다. 이 전투에서 사반에서 나온 535명 중에 204명만이 살아서 돌아갔으며, 노벨로 대령은 전사했다. 반란군은 100마리의 말, 78정의 엽총과 총탄을 얻었다.

이 승리와 맙(Map)의 점령은 바레라가 이룬 것이었다. 제각각 움직이는 부대들 사이에서 그에 대한 믿음이 깊어졌다. 방어가 시원찮은 호송대를 공격하여 90마리의 노새를 획득하고, 띠뚝(Tituc)에 두 번째로 쳐들어온 라디노들을 다시 막아 내자 그의 명성은 더욱 높아졌다. 라디노들은 그를 위험한 인물로 보고 동시에 두 부대를 보내어 습격했다. 한 부대는 띠호수꼬로부터 그의 기지인 깜뽀꼴체(Kampocoché)로, 다른 하나는 사반(Saban)에서 따비(Tabi)로 보냈다. 급작스러운 공격에 바레라는 말과 마체떼를 잃어버리고 기적적으로 살아나 걸어서 잡초들 속으로 도망쳤다. 이 패배로 동부의 반란군들은 근거지를 내주고 해안까지 후퇴했다. 그리하여 숲의 길을 따라서 바깔라르(Bacalar)로 갈 수가 없었다. 마야 사람들에게는 탄약과 총이 점점 더 부족해졌다.

바깔라르로 가는 길이 차단되자 카리브 해안에 있는 아센시온 만(Bajia Ascension)이 중요해졌다. 이곳은 상업의 중심에 위치하였고, 섬들이 많고, 늪이 많아 숨기에 좋았다. 영국인들과 유까딴 사람들은 이러한 이점을 금방 감지하고 이용했다. 멕시코의 감시망과 변화무쌍한 날씨를 감내할 가치가 있었다. 벨리즈 총독과 마야의 지휘관들이 아센시온에서 만났다. 판쿠트(Fancourt)는 하신또 빠뜨(Jacinto Pat)가 평화를 제의하는 편지를 받았다. 그리고 또한 뻭(Venancio Pec)과 찬(Florentino Chan)을 만났는데, 그들은 멕시코 정부가 억압을 하는 것과, 자신들에게 부과된 과도한 세금에 대해 불평했다. 그들이 원하는 것은 머물고 있는 땅의 완전한 독립이었다. 그들은 영국 치하에 있을 것을 제의했다. 더불어 영국에 있는 빅토리아 여왕에게 가서 말하겠다고까지 했다. 판쿠트(Fancourt)가 스스로 전하겠다는 말을 들고 나서 그들은 자신들의 땅으로 돌아갔다.

유까딴 정부도 이제는 평화를 원했다. 그들은 까누또 벨라(Canuto Vela) 신부를 앞세워 마야 사람들과 만나고자 했다. 그들은 조각난 마야의 망나니들은 항복하는 것이 좋을 것이라고 했다. 라디노도 마찬가지였지만 반란군들도 병사나 민간인을 가리지 않고 모두 죽이고 있었다. 사제들은 공포를 무릅쓰고 이 내용을 전달했다. 그중에 가장 호의적인 답은 "여기서 가시오, 그러면 평화가 올 것이오"이었다. 그러나 라디노 군대는 주둔하고 있는 지역에서 떠날 수 없었다. 그들이 떠나면 곧 마야 사람들이 다시 점령할 것이 분명하기 때문이었다. 또 다른 이유는 들판에서 일할 일꾼을 얻기 위해서였다. 라디노의 집안에서 일하던 일꾼들은 지금 적들과 있거나 군대에서 일했다. 작년에 수확한 밀은 무지하게 적었다. 반란군들의 곡식을 훔쳐야만 군대를 먹일 수 있을 정도였다. 17,000명의 군인을 갖고 있는 라디노 하사관들은 적들이 이미 패했다고 생각했다. 그들이 항복하기 전에는 휴전 또는 정전은 없다고 생각했다.

1849년 9월부터 1850년 4월까지는 건기이다. 400여 명 소규모 전투병들은 반격하는 자들이 있으면 전쟁을 하고, 끝나면 새로운 밀빠로, 숨겨진 비축물 또는 흩어진 도망자들을 찾아 떠나는 1,000명의 분대로 바뀌었다. 분대는 이뚜르비데(Iturbide)를 지나 베깐첸(Becanchén)에 도착했고, 깜뽀꼴체(Kampocolché)에는 여러 번 갔다. 동쪽 해안으로도 아센시온(Ascensión)을 지나 끄루스 첸(Cruz Chén)까지 마야 사람들의 거주지를 뒤졌다. 그들은 500정의 총포, 800마리의 말과 노새와 4,000명을 포로로 잡았다. 대부분의 포로들은 전투원이 아니었다. 그들은 여자, 어린이와 노인들이었다. 그들은 피난지에서 습격을 받아 얼떨결에 잡힌 사람들이었다. 마찬가지로 몇천 명의 포로 중에 손에 무기를 쥔 사람은 51명뿐이었고, 죽은 사람은 152명이었다. 이 통계가 정확하지는 않다고 하더라도 당시의 전쟁 상황을 간접적으로 알려주고 있다.

몇천 명의 포로가 있다 하더라도 또 다른 몇천 명은 여전히 셀바에 있었다. 유까딴 정부도 이제는 평화를 원했다. 그들은 까누또 벨라(Canuto Vela) 신부를 앞세워 마야 사람들과 만나고자 했다. 치와 빠뜨가 죽고 난 후, 까스따 전쟁을 이끄는 지도자는 뻭(Venancio Pec), 찬(Florentino Chan), 바레라(José María Barrera)와 노벨로(Bonifacio Novelo)였다. 앞의 세 명은 하신또 빠뜨의 부관이었고, 노벨로는 전쟁을 결의한 바땁 중에 유일하게 살아남은 사람이었다. 바레라는 벨라 신부가 갖고 온 로사도 대령의 제안을 받았다. 매복병이 돌아다니는 것을 알고 바레라도 처음에는 거절했다. 그러나 15일 간 휴전을 하면 지휘관들을 찾아서 함께 5월 4일에 깜뽀꼴체로 가겠다고 제안했다. 뻭은 물자를 가지러 벨리즈로 갔다가 그곳에서 술에 빠져 전쟁을 잊었다. 찬은 바레라가 함께 가자는 제안을 거절했다. 노벨로는 연락이 되지 않았다.

아이의 처형으로 반란을 시작하게 했던 옥따비오 로사도(Octavio Rosado) 대령은 5월 4, 5일을 깜뽀꼴체에서 기다렸으나 아무도 나타나지 않았다. 시간을 벌기 위해 약속을 했다고 생각한 로사도는 사제들의 만류에도 불구하고 거주지들을 습격했다. 총검으로 72명의 원주민을 죽이고 228명을 포로로 하고, 많은 신발들을 거두었다. 라디노 측은 총병 하나와 마체떼병 2명이 죽었을 뿐이었다. 그러나 바레라는 찾지 못했다. 대령으로서는 가장 큰 승전이었다. 벨라 신부는 마지막 순간에 바레라에게 습격을 알리는 편지를 썼지만, 항상 그랬듯이, 이 편지는 너무 늦게 도착했다.

마야 사람들은 라디노가 모두 사라질 때까지 싸우겠다고 선언했다. 절멸의 위협에 유까딴 군대는 대응할 준비를 했다. 멕시코 정부가 상당 부분을 지불하였지만, 유까딴 정부는 총과 탄약에 150,000뻬소를 써야만 했다. 먹을 것을 살 돈은 조금밖에 남지 않았다. 유까딴 정부는 지방의 상인들과 협정을 맺었다. 300,000kg의 옥수수, 225,000kg의 콩, 272,000kg의 과자와 기타 먹을 것들을 상인들이 돈을 내어 사고, 대신에 농산물을 수입하는 권리를 받았다. 이 많은 곡물도 매우 빨리 동이 났고, 상인들과 새로운 협정은 맺지 못했다. 당시에 농사, 유적에서의 장사 등에서 세금으로 걷은 돈도 상당히 많았지만 그리 오랜 시간이 걸리지 않고 다 써 버렸다. 게다가 1849년 4월에는 멕시코 도 더 이상 전쟁비용을 대지 않았다. 전쟁은 지리멸렬하게 이어져 갔다.

전쟁이 일으킨 재난은 1846~1850년 사이에 인구가 준 것을 보면 짐작할 수 있다. 유까딴의 인구는 거의 반으로 줄었다. 바야돌리드와 떼깍스에 이르는 지역에서는 거의 75%의 주민이 없어졌고, 메리다에서는 약 25%가 줄었다. 유까딴 전체 인구의 30%는 총과 칼, 그리고 굶주림과 병으로 죽었다. 어떤 희멘(h-men)도 이런 재앙을 예언하지는 못했다. 별로 신빙성이 없기는 하지만, 1850년에는 80,000명의 반란군이 있었다. 10,000명은 벨리즈로 피난하였고, 10,000명의 라디노들은 쿠바, 따바스꼬 또는 베라끄루스로 갔다. 147,000명은 행방을 알 수 없는데, 아마도 그들은 죽었을 것이다.

유까딴 정부가 가지고 있는 재산은 땅과 거기서 일할 사람이었다. 이제 땅은 회복했으나 일할 사람이 없었다. 언제, 어디서 총알이나 마체떼가 튀어나올지 몰랐지만 라디노들은 반란군들의 땅에서 스스로 추수했다.

이러한 형편에서 바르바차노는 마야 사람들을 쿠바에 팔기로 했다. 그들은 반역자들이므로 사형에 해당했다. 따라서 그들을 법정에서 판단하는 것보다 쫓아내는 것이 인간적이라는 것이다. 이미 몇 개월 전에 쿠바의 회사와 유까딴 사절 사이에서 나온 이야기였다. 아프리카로부터 노예 수입이 금지되어 쿠바에서는 대규모의 사탕수수밭을 경작할 일꾼이 부족했다. 그들에게 유까딴의 마야 사람들은 가까운 거리에 있고 노예보다도 더 싸게 부릴 수가 있었으니 양쪽이 다 흡족한 교섭이었다. 노예는 안 되는 조건으로 한 명당 25뻬소를 받고 10년간 일하기로 계약했다. 첫 번째 배가 1849년 3월 5일[44) 140명을 태우고 하바나를 향했다. 5월 15일에는 두 번째 배가 195명을 태우고 출발했다. 그런데 하바나에 있었던 부영사인 부엔아벤뚜라 비보(Buenaventura Vivo)에 의하면, 그들 중에서 많은 사람들이 까스따 전쟁과는 관계가 없고, 납치당했거나 팔려서 온 사람들이었다.

이렇게 벌어들인 돈 8,375뻬소를 바깔라르로 보내 7연대가 움직이는 데에 쓰도록 했다. 하바나에 있던 멕시코 영사는 정부에 포로들이 도착한 것을 보고했다. 멕시코 신문은 즉각 비난 성명을 발표했다. 신문은 바르바차노의 목을 요구하며 이 무역을 멈추라고 했다. 그러나 멕시코 신문은 같은 조건으로 베라끄루스로 보낸 포로들에 대해서는 눈물을 흘리지 않았다. 그것은 멕시코 땅 안이었기 때문이었다. 원주민들에게는 쿠바나 베라끄루스나 마찬가지였을 것이다. 신문에 의하면 10,000명의 마야 사람들은 쿠바에 보내면, 그들이 돌보아야 하는 미망인, 고아들, 노인들 때문에 50,000달러를 미리 받았다고 했다. 유까딴 정부로서는 이 장사를 잊기 쉽지 않았다.

1849년에서 1861년 사이에 몇백 명의 마야 원주민들이 반란과는 관계없이 유까딴에서 쫓겨나 쿠바로, 사실상 노예로 옮겨졌다.[45) 1851년 이후

---

44) 배가 출발한 날짜가 1849년 11월 6일이라는 기록도 있다.

45) 1851년 이후에는 반도에서 전쟁은 잦아들었으나 원주민들을 파는 일은, 유까딴의 정치가들 심지어는 산따아나(Antonio Lopes de Santa Ana)도 포함된, 아무런 문제없이 계속되었다. 이 일에 대해서는 중앙정부나 최근에 유까딴에 포함된 땅에서는 비판하는 목소리가 적었다.
'마야 원주민을 파는 일'에 대해 첫 문제 제기는 1849년 3월에 일어났다. 외무성(ministro de Relaciones)의 루이스 꾸에바스(Luis G. Cuevas)는 유까딴 정부와 쿠바와 의견을 교환하기 시작했다. 그리하여, 일이 분명해질 때까지 원주민을 옮기는 것을 금지되었다. 그리고 이 일을 분석하기 위한 위원회가 성립되었다. 몇 달 후 새 공사인 Jose Maria de Lacunza 앞에 나온 변명이 '인도적인'이라는 것이다.
두 번째 시도는 1853년 7월에 일어났다. 산따아나가 마지막으로 권좌에 오른 지 얼마 후였다. 영국 휘하의 Juan B. Anduse가 반란 지역에서 납치된 원주민들을 쿠바로 데려간 뒤에 잡혔다. 멕시코 정부가 이것을 알고 스페인 정부에 항의하였으나 이들 중 일부만 돌아왔다. 그러나 이 사건으로 스페인 국왕은 이 매매에 반대하고 있다는 것을 알았다. 1854년 1월 하바나의 영사 Baviera Tito Visino는 산따아나에게 원주민들은 살인으로

에는 반도에서 전쟁은 잦아들었으나 원주민들을 파는 일은, 유까딴의 정치가들 사이에서 아무런 문제가 제기되지 않고 계속되었다.

'마야 사람들을 파는 것'이 문제가 되자 멕시코 정부는 유까딴의 경제사정을 기억했다. 원조를 한 달에 16,000뻬소로 늘리고, 군인들과 새로운 지휘관 마누엘 미첼또레나(Manuel Micheltorena) 장군을 보냈다. 장군은 1850년 2월 5일에 깜뻬체에 도착했다. 그는 맨 먼저 메리다로 가서 무도회를 열어 여러 사람들을 만났다. 그는 상황을 종식시킬 소탕전을 벌였다. 제일 먼저는 바야돌리드로 그 다음에는 띠호수꼬로 갔다. 옥따비오 로사도 대령은 남동쪽을 재건하는 지휘관으로, 까데나스(Cadenas) 장군은 북쪽을 맡았다.

우기가 시작되었다. 접근이 용이한 마야 사람들의 밀빠는 이미 추수해가 버렸다. 빠뜨리시오 오란(Patricio O'Horan) 대령이 보낸 700명은 깐깝첸(Kancabchén)에서 바깔라르(Bacalar)를 향해 진탕을 걸었다. 모두 배고프고, 병들고 지쳐 있었다. 그들은 이 조용한 땅에서 약간의 옥수수를 발견했고, 177명의 원주민들을 죽였다. 그리고 원주민의 기지를 태웠다. 바깔라르의 수비대는 더욱 병과 굶주림에 시달렸다. 세띠나 대령은 800명의 살아남은 사람을 원조하라고 메리다로 연락을 했다. 곤잘레스 대령은 500

쿠바에 데려가는 신청을 했다. 며칠 후 산따아나와 비시노 사이에 협약이 이루어졌다. 멕시코 정부가 이 상업에 가장 흥미 있는 자 중의 하나가 된 것이다. 4646
세 번째의 시도는 1855년 10월, 외무성의 공사 Melchor Ocampo가 오면서였다. 그는 불과 15일밖에 그의 자리를 지키지 못하였으나 원주민을 파는 것과 그와 비슷한 일을 금지하는 법을 발송했다. 1856년 자유헌법의 기원이 되는 국회가 산따아나를 정치범으로 몰 때 마야 원주민들을 판 것에 협조한 것이 크게 문제가 되었다. 자유주의자들은 원주민 매매에 반대했다. 그들 사이의 3년 전쟁(la guerra de los Tres Anos)이라 불리는 싸움으로 이것은 문제 삼을 겨를이 없었다. 따라서 원주민 매매는 제약 없이 계속되었다.
그러나 유까딴에도 불협화음은 있었는데, 바로 신문에서부터였다. 이는 박애주의적인 이유에서뿐만이 아니라 이 스캔들은 이미 장원과 농장의 이해에 상처를 주고 있었기 때문이었다. 까스따 전쟁이 시작된 이후부터 엔네껜으로 근대화를 하려는 노력으로 농장에서 일할 노동자들이 필요했다. 쿠바로 간 수많은 원주민들이 총을 손에 쥐어 본 일도 없는 사람들이라는 것은 명백했다. 이는 1848년 11월 6일의 행정명령으로 밝혀졌다. 1861년 3월, 삼년전쟁 후에 자유주의자들이 정권을 잡은 후, 베니또 후아레스는 외무성의 공사인 프란시스꼬 사르꼬를 통해서 이 일을 종결시키기 위해 조사를 시작했다. 1859년 8월 30일, 멜초르 오깜보를 보내어 마야 원주민을 쿠바에 노예로 보내는 것에 대한 항의서를 보냈다. 이때에는 아직 증거가 없었다. 그리고 1861년 5월 6일, 깜뻬체와 유까딴 사이의 문제를 해결하기 위하여 원주민들을 파는 추천서를 알게 된 후아레스 정부는 이를 정식으로 금지했다.

명의 사람을 보냈다. 이 원군과 함께 온도 강까지 쳐들어갔다. 두 번째 날에 까오바46)의 땅에 도달했다. 그러나 여기서는 벨리즈 사람들과 마주쳤다. 그들은 여왕의 땅을 침범한다고 경고했다. 이해내내 판쿠트는 스페인 사람들이 평화로운 벌목하는 사람들을 멋대로 잡는다는 불평을 들었다. 전사들의 카누는 상선이나 까오바 배를 쫓았다. 목표는 아구아블란까(Agua Blanca)였다. 작은 전투 후에 마침내 40명의 흑인 포로를 잡고 60명은 도망갔다. 주인이 깃발을 들고 나타나 까오바 나무에 8,000뻬소, 흑인 노예들 값으로 500뻬소를 주겠다고 했다. 세띠나는 이 제안은 거절했지만 새로운 총과 탄약의 상자를 자유로이 볼 수 있었기 때문에 점심 초대에는 응했다. 또다시 제안한 뇌물을 거절하고 나무는 태우고 흑인들은 바깔라르로 돌려보냈다. 유까딴 사람들에게 그들의 숲을 벌목하는 것과 무기의 밀매는 범죄였다. 영국인들에게는 정상적인 거래였다. 세띠나 대령과 그의 부관들은 마침내 시살과 깜뻬체로 돌아갔다.

11월 4일에 떼깍스(Tekax)에서는 다른 잔치를 준비하고 있었다. 마야 사람들은 돌발적으로 공격을 했다. 총과 탄약을 얻고, 몇 명을 죽이고 몇 집을 태웠다. 술(Xul) 마을을 지키고 있던 라디노의 작은 경비대는 사라졌다. 마야 사람들은 볼론띠꿀(Bolonticul)까지 진격하여 중앙의 광장을 무너뜨렸다. 그러나 뜻밖에도 성당 안에서 완강하게 저항했다. 마체떼로 문을 열려고 하다가 오히려 라디노의 역습을 받았다. 호뻴첸(Hopelchen)에서도 조금 성공했다. 마야 사람들은 완전히 사라지지 않았다. 그들은 패퇴하여 숲으로 물러나도 언제나 마체떼를 들고 다시 나타날 수 있었다. 그리하여 라디노의 군대들은 어디든지, 동쪽 해안의 바깔라르까지도 그들이 원하는 곳에 갈 수는 있었지만 그들의 기지는 항상 위험했다. 이렇게 끝도 없는 전쟁에 병사들을 지쳤고, 머리가 돌 지경이었다. 승리는 불가능해 보였다.

---

46) caoba. 아열대 셀바에 자라는 나무로, 검은 빛을 띠고 재질이 단단하여 고급 가구를 만드는 데 사용한다.

그러나 패배는 상상할 수 없었다.

마침내 멕시코 정부는 직접 군대를 보냈다. 그리하여 마야 사람들은 유까딴 반도의 동쪽으로 밀려났다. 계급전쟁에 참가한 원주민 수는 85,091명이며 대장급은 103명이며, 이 중에는 가난한 백인들과 메스띠소도 상당수였다. 동쪽에 사는 순수 원주민 참가자는 11,000명이었다.

그림 29. 마야반란군들 마야유적지 뚤룸(Tulum, Quintana Roo)의 한 건물에 총알을 어깨에 메고 앉아있다(Arqueologia 1998, no.32)

# 제5장
## 십자가의 사람들

## 5.1. 십자가의 강림(1850~1852)

인간은 신을 자신의 필요에 따라 만들었다. 그들의 필요가 바뀌거나 만족하지 못할 때에는 신들도 바꾸어야했다.

마야사람들은 전쟁은 두려워하지 않았지만 의례를 해야 할 형상이 없어지는 것은 두려운 일이었다. 라디노들은 원주민 마을을 지나가면 십자가와 마리아상, 성체들을 파괴하였다. 그리하여 마야사람들은 전쟁으로 해서 사제들과 그들의 신앙생활에 꼭 필요한 여러 형상들을 잃어버렸다. 마야사람들은 대체물을 찾아야만 했다. 꼬꼼(Cocom) 부족이 봉기했던 첫날, 라디노 순찰대는 깐깝조노뜨(Kancabdzonot)에서 초와 꽃에 둘러싸여 있는 토기인형을 발견했다. 순찰대는 마야사람들이 미신적이라고 생각했다. 그들에게는 이러한 대체물에 종교적인 힘이 있다고 보이지 않았다. 그러나 마야사람들에게는 잃어버린 성자의 상이나 따비의 성처녀의 대체물로서 선조들과 그들을 잇고, 이 땅에서 살아가게 하는 매개체였다.

마야 사람들은 기독교에 적응하여 삼백년이 흘렀다. 정복 직후에 묘지나 교회에서 어린아이들을 희생하는 것, 빵 대신에 또르띠야를 먹고, 포도주 대신에 아똘레(atole)⁴⁷)를 마시는 것, 서품을 받지 않은 원주민 사제의 인도로 미사를 드리는 것과 같은 아둔한 일은 이제 하지 않는다. 또한 자신들의 종교의식을 많이 개선하여 기독교와 타협했다. 그러면서도 바뀌지

---

47) atole, 옥수수가루로 만든 음료

않고 오래 전부터 내려오는 믿음 중의 하나가 '말하는 우상'의 존재이다.

1847년에는 이미 널리 잘 알려진 '칠람발람의 책'[48]은 낀따나로(Quintana Roo)[49]의 한 칠람(Chilam)[50]이 집을 바닥을 할 때 천정에서 나는 소리를 듣고 받아쓴 것이다. 정복 직후 1597년에 소뚜따(Sotuta)의 한 원주민 안드레스 치(Andrés Chi)는 자신이 모세이며 성령이 자신에게 말한다고 했다. 그러나 당국자는 초가 천정에 숨어있던 조그만 아이를 찾아냈다.

멕시코 남쪽과 과테말라 고지의 마야사람들도 역시 그 전통을 갖고 있다. 맘(Mam)[51]부족은 옥수수 대신에 커피를 경작했을 때 새순과 가시가 배고픔과 비참함이 오리라고 예언했다고 한다. 첼딸(tzeltal)[52]과 초칠(tzotzil)[53]족은 성자와 오래된 성곽이 수시로 그들에게 말을 했다고 믿고 있다.

그림 30. 띠호수꼬의 성당

---

48) 원어는 'El libro de los libros de Chilam Balam'이다. 식민지 초기에 쓰인 책으로, 마야어로 되었으나 스페인의 알파벳을 차용하여 썼다. 마야문명 후기의 의례, 문학, 역사, 예언 등에 대한 중요한 정보를 담고 있다.

49) 유까딴반도 동부에 있으며, 1974년에 정식으로 멕시코의 한 주로 선포했다. 수도는 체뚜말(Chetumal)이고, 해안선을 따라 깐꾼(Cancun), 뚤룸(Tulum) 등의 세계적으로 유명한 관광지가 있다. 깜뽀꼴체(Kampocolché), 찬산따 꾸루스(Chan Santa Cruz), 띠호수꼬(Tihosuco) 등 까스따전쟁의 중심지가 있다.

50) chilam, 마야문명의 사회의 지식인. 그들은 마야 상형문자를 이해하고, 천문, 예언 등을 기록했다. 그들이 남긴 예언 등을 기록한 것이 '칠람 발람의 서(El libro de los libros de Chilam Balam)' 이다.

51) 과테말라 서부에 사는 마야 부족.

52) 멕시코의 치아빠스 주에 사는 마야 부족.

53) 멕시코의 치아빠스 주에 사는 마야 부족.

제단 밑에는 열쇠를 잠긴 방이 숨겨져 있다(왼쪽). 마야사람들은 이 통속에서 소리를 냈을 것이다(오른쪽).

그림 31. 띠호수꼬의 성당의 제단.

깜뽀꼴체에서 쫓겨난 호세 마리아 바레라는 자신을 따르는 사람들을 사반에서 남동쪽으로 64km에 위치한 버려진 셀바의 한 세노떼(cenote)로 끌고 갔다. 그곳은 찬 산따 끄루스(Chan Santa Cruz)라 했다. '찬'은 '작은'이란 뜻이다. 즉 '작은 성스러운 십자가'라는 뜻이다. 이곳은 도망친 젊은 이들이 가끔 사용하는 곳이었다. 그곳에는 성스러운 여명이 있고 말하는 기적의 십자가가 있다고 사람들이 말했다. 그러나 이와 같이 말하는 것이 까스따 전쟁에서 성스러운 곳으로 명성을 얻게 된 후 일지도 모른다.

세노떼 자체는 전혀 중요성이 없었다. 돌이 삐죽한 언덕 사이의 벼랑 아래 있는 것으로 깊이가 4.5m, 넓이는 2.5m, 바닥에는 몇 미터의 물이 고여 있고, 사람들이 써도 항상 그 높이를 유지했다. 사실 동쪽으로 800미터 정도 떨어진 곳에 더 크고 쓸모 있는 세노떼가 있었다. 그러나 이 세노떼로 들어가는 길은 천정이 낮고 어둡고 공간이 좁아 마야사람들이 신비스러워하는 조건을 이루고 있었다. 바레라는 그곳에서 동굴입구에 자란 까오바 나무로 만든 약 7-10cm 길이의 십자가를 발견했다.

"말하는 십자가"를 찾은 것은 다행이었다. 만약 없었다면 바레라가 마야의 전통에 따라 만들었을 것이다. 그는 나무 십자가를 동굴의 안쪽, 나무가 깔린 바닥에 꽂았다. 성소의 이름은 '발람 나(Balam na)'였다. 마야

말로 '재규어의 집'이란 뜻이다. 마야문명에서 재규어는 왕권을 상징했다. 가장 힘이 있는 사람의 집을 상징하는 그 곳에서 마야사람들은 이 압박을 벗어나도록 기도했다. 그들 사이에 복화술사 마누엘 나우아뜨(Manuel Nahuat)[54]가 있었다. 그는 배에서 울리는 소리로 답을 하였다.

> "아들들은 불경한 적들과 계속 싸워야 한다. 겁을 낼 필요는 없다. 왜냐면 외국인(라디노)들의 총알은 어떤 해도 끼치지 못할 것이므로. 지금이 깜뽀꼴체 마을을 공격할 때이다."

후일 '후안의 십자가(Juan de la Cruz)'로 불리는 이 십자가는 1850년 10월 15일에 처음으로 말을 하였다. 바레라는 성스러운 약속과 명령을 좇았다. 도망하던 마야사람들은 다시 깜뽀꼴체로 진격했다. 총알이 날랐다. 그들은 마체떼로 막았다. 해가 떠올라 사물이 어렴풋이 보이기 시작했다. 그들은 예언이 틀렸고 죽음이 다가온 것을 알았지만 끝까지 저항했다. 1851년 1월 4일이었다.

라디노들은 마야사람들에게 새로운 구심점이 나타났다는 것을 알아챘다. 3월 23일, 깜뽀꼴체로의 라디노 220명이 찬 산따 끄루스를 습격했다. 마누엘 나우아뜨는 라디노 한 명을 죽이고 죽었다. 그러나 바레라는 또 다시 자신의 목숨을 구할 수 있었다. 찬 산따 끄루스를 정렴한 라디노 군인들은 아무도 없던 그 곳에 불과 1년 사이에 천 명이상이 주민이 모였다는 것을 알고 놀랐다. 그들은 군용비품과, 공양물과 십자가를 주웠다. 십자가를 잃어버린 것이 마야사람들에게는 가장 힘든 일이었다.

나우아뜨(Nahuat)가 살해된 후 십자가는 더 이상 말하지 않았다. 침입자들은 십자가를 깜뽀꼴체로 가져갔다. 라디노들은 십자가를 말하게 하려했으나, 십자가는 말이 없었다.

---

54) Nahuat는 멕시코 원주민어인 나우아뜰(nahuatl)로 '통역자'라는 뜻이다. 스페인 식민시절에는 원주민 언어 나우아뜰을 스페인어로 통역하는 사람을 의미했다. 그의 이름조차도 후세에 붙인 것일 수 있다.

도망쳤던 마야 사람들은 어둠을 틈타 "말하는 십자가"를 도로 찾아왔다[55]. '후안의 십자가'는 나우아뜨의 후계자로 후안 데 라 *끄루스 뿍*(Juan de la Cruz Puc)[56], 베난시오 *뻭*(Venancio Pec)[57]과 아따나시오 *뻭*(Atanacio Pec)을 지명했다. 그들을 통하여 십자가는 계속 말을 전하였다. 바레라는 십자가의 이름으로 찬 산따 끄루스를 침입하고, 성스러운 십자가를 모욕하고, 모든 물품을 가져간 것에 대해 항의하는 편지를 메리다에 있는 유까딴 주지사 미겔 바르바차노에게 보냈다. 그들은 아직도 바르바차노는 자신들의 편이 될 수 있는 사람이라고 믿고 있었던 것이다.

> "나의 옷을 벗기고, 나를 불태웠다. 나의 돈 250뻬소, 나의 금목걸이, 550kg의 초, 50 부대의 옥수수, 200 마리의 닭, 10 부대의 소금, 400 리브라의 밀납을 가져갔다. 게다가 말발굽으로 옥수수 밭을 망쳤다. 미겔씨, 당신에게 이 모든 것을 돌려줄 것을 말합니다."

편지에는 세 개의 십자가로 된 서명과 해독자인 끄루스 뿍(Juan de la Cruz Puc)의 서명이 있었다. 여기에 약간 의문이 있는데, 십자가가 하나에서 갑자기 셋으로 변했다. 마야사람들은 커다란 십자가 하나와 세 개의 십자가를 세우고 마야의 전통적인 옷인 우이삘(Huipil)[58]을 입혔다[59].

바레라는 하나로 뭉치는 종교적 정신을 세우기 위해 밤낮으로 일했다. 그는 길을 가는 도중에 하늘에서 내린 성모의 형상을 갖고 사람들 앞에 나서기도 하였다. 성모상도 마야 사람들에게 익숙한 것이나 믿음을 일으

---

55) 실제로 십자가를 다시 찾아왔다는 증거는 없다. 바레라가 새로운 십자가를 만들었다고 추측한다.

56) 후안 데 라 끄루스의 실제는 전혀 알려지지 않았는데, 마누엘 나우아뜨의 후계자로 "말하는 십자가"의 말을 전했다. 그리하여 현재 남아있는 문서에 세 개의 십자가와 함께 그의 서명이 남아있다. 역사가들은 그는 존재하지 않았고 베난시오 뻭이 그의 역할을 했을 것이라고 본다. 뻭은 바레라와 함께 하신또 빠뜨의 부관이었다. 어떤 학자는 바레라 자신이 '후안 데 라 끄루스'였을 것이라고 한다.

57) 베난시오 뿍(Venancio Puc)이라고 말하기도 한다. 그는 1863년 벨리즈에서 살해되었다.

58) 유까딴 마야지역에서 주로 여자들이 입는 옷옷으로, 하얀 무명에 화려하게 수를 놓았다.

59) 십자가에 옷을 입히는 행위는 십자가를 사람의 형상으로 보는 마야사람들의 사고방식을 보여준다.

그림 32. 목걸이를 걸고 있는 십자가(앞), 우이 삘을 입고있는 십자가(뒤) 까스따 전쟁에 관한 책표지

키지는 못했다. 마야사람들에게는 마을의 입구에 십자가가 있는 것이 훨씬 자연스러웠다. 그들에게 신앙의례(culto)에 뿌리를 둔 십자가라는 생각은 큰 성공을 거두었다. 찬 산따 끄루스는 마야반란자들의 성지가 되었다. 여기에 바레라는 저항 조직을 세웠다. 마을을 돌담으로 둘러싸고 습격에 대비하여 경비병을 세웠다.

산따 끄루스의 날인 1851년 5월 3일, 종교적 달력을 알고 있었던 곤잘레스 대령은 153명을 이끌고 찬 산따 끄루스를 공격했다. 축제를 하고 있었으나 바레라는 경계 총소리를 듣자 주민을 대피하고 돌담 뒤에서 싸울 태세를 갖추었다. 마을에는 1,400명이 있었지만 그들에게는 무기와 탄약이 부족했다. 다시 지난 3월의 패배와 같은 일이 있어서는 안 되었다. 바레라는 밤에 마을을 비워 라디노의 군대가 마을에 마음껏 들어오도록 했다. 마야사람들은 담 뒤쪽으로 포위를 하고 기다렸다. 넓게 퍼진 마야사람들을 공격하기에는 그들의 숫자가 적었다. 곤잘레스 대령은 소득이 없이 군대를 끌고 돌아갔다. 이 작전은 매우 적절하여 바레라는 여러 번 침입자들을 물리칠 수 있었다. 그리하여 찬 산따 끄루스는 계속 커져 갔다.

바레라는 복화술을 대체할 다른 것을 생각해내었다. 그는 풀잎으로 지붕을 덮은 건물을 세우고 안쪽에 십자가들을 두었다. 그곳에 몇 명의 조수

외에는 드나들지 못하게 했다. 즉 너무 성스럽기 때문에 세속인이 볼 수 없는 곳으로 규정한 것이다. 그리고 목소리의 비밀을 지켜야 했다. 제단 밑에 구멍을 파고 말하는 사람이 숨었다. 제단의 나무뚜껑은 북과 같은 효과를 내어 소리를 크게 하고 울려 퍼지도록 했다. 그들은 대중들이 회당의 앞쪽에서 예배를 보도록 했다. 바레라는 대부분의 마야사람들이 굶주리고 있음에도 불구하고 잘 이끌었다. 사람들은 수확한 것, 초, 옥수수, 닭, 돼지, 돈을 십자가에 바쳤다. 1851년의 우기 내내 십자가는 말을 했다. 십자가의 성스러운 목소리는 싸움에 지고, 동료들과 뿔뿔이 흩어지고, 굶주림으로 죽어가는 사람들에게 정신적인 양식과 희망을 주었다. 십자가를 따르는 이들은 '끄루스옵(cruzob)'이라 불렸다. 끄루스(cruz)는 스페인어로 십자가, 옵(ob)은 마야어로 사람들의 복수형이다. 즉 '십자가의 사람들'이라는 뜻이다.

그림 33. 찬 산따 끄루스 입구, 까릴요 뿌에르또(Carillo Puerto, Quintana Roo, Mexico)

"말하는 십자가"는 원래 열린 예배소였으나 현재는 성당을 지어 내부에 보호하고 있어 보이지 않는다. 성당 앞에 성당을 지키는 사람이 서 있다.

그림 34. 찬 산따 끄루스의 성당(Cariilo Puerto, Quinta Roo)

그림 34-1. 왼쪽의 팻말은 낀따나로 주정부의 행정 구분, "말하는 십자가"의 성소'라고 되어 있다. 오른쪽에는 끄루스옵이 전하는 말이 있다. 성당내부에서는 신발과 모자를 벗어야 한다고 쓰고, 세 개의 십자가로 서명하였다.

그림 35. "말하는 십자가"를 찾은 세노떼 입구(왼쪽), 돌아가면서 십자가의 성소를 돌보는 사람들(오른 쪽)

## 5.2 찬 산따 끄루스의 형성(1852~1855)

유까딴반도의 동쪽 끝의 찬 산따 끄루스에는 갈 곳이 없어진 마야반란군들이 모여들어 새로운 중심을 형성하고 있었다. 유까딴과 반도의 동쪽 사이는 셀바가 가로막고 있다. 그곳은 식민지시절에도 라디노들의 발길이 거의 닿지 않았다. 그곳으로 도망간 마야 반란군이나 그 뒤를 좇는 유까딴 정부군이나 식량과 여러 비품은 점점 줄어들고 끝이 없이 이어지는 전쟁에 지쳐갔다.

1851년 5월 3일, '십자가의 날'에 로물로 디아스 데 라 베가(Romulo Dias de la Vega)가 유까딴에 도착했다. 당시 유까딴에서는 약 17,000명이 무기를 갖고 있었다. 대부분의 시민들이 장총 하나는 갖고 있는 셈이다. 전임자 미첼또레나(Micheltorena)는 넉 달 동안 유지비로 300,000 뻬소를 거둘 예정이었으나 주정부는 겨우 70,000 뻬소를 지급했다. 모든 전선에서 군인들은 전쟁의 의미를 잃고 있었다.

바깔라르의 수비대에는 광장을 장악하여 원주민들에게 넘기려는 음모가 있었고, 약스까바에서는 굶주림 때문에 반란이 있었다. 양쪽 다 주범들은 채찍질을 당하고 분대 앞에서 처형되었다.

일반 군인들은 전쟁이 지겨웠고, 장교들은 등 뒤에서 "장교들은 죽어라"고 외치는데 계속 수행하는 이유에 대해 의문을 품었다. 휴식이 필요했고 새로 온 장군은 이런 의미에서 준비되어 있었다. 변방지역을 수비하기 위해 3개의 연대가 조직되고 까데나 장군과 로사도와 몰라 대령이 지휘권을 잡았다. 보충병은 제 6 연대로, 예르고 장군이 잡았다. 정확한 통계는 없지만 적은 수였다. 지쳐있는 군인들과 반란에 참여했던 군인들의 대부분을 집으로 보냈다.


유까딴의 군인들에게 집으로 돌아가는 것은 엄청난 변화였다. 메리다와 깜뻬체에서 월계관을 씌운 환영식이 벌어졌고 술에 취한 사람들 앞에서 행진이 이어졌다. 그리고 잔치가 벌어졌다. 폭죽이 터지고, 술과 친구들과 여자들이 있었다. 밤새 향연을 벌리고 늦잠을 즐기고 일어나면 나른한 하루의 일상이 펼쳐졌다.

체네스의 7연대, 떼깍스의 11연대, 국경지방의 수비대[60], 그리고 바야돌리드의 헌법조직 부대[61]에게 귀향은 전혀 다른 것이었다. 고향으로 돌아간 그들이 만난 것은 타버린 사탕수수밭, 약탈된 마을, 조금 더 운이 좋은 사람들은 총대들이 서 있어 요새화된 동네, 헝겊이 드리워진 깨진 창, 대포를 끌기위해 밀려버린 과수원이었다. 그것은 수비대[62]의 삶으로 귀환이었다. 그들을 위해 '보관된 것'은 그 자리에 언제나 있던 것이 아니었다.

---

60) 스페인어 원문 la Orden de la región fronterizada

61) 스페인어 원문 constitución

62) 스페인어 원문 guarnición

그들에게 가정은 한 움큼의 재였다. 아내나, 어버이들, 자식들이나, 가족의 누군가가 죽었다.

동쪽에서 온 사람들의 형편은 더욱 막막했다. 그들은 어디로 갈지 모르면서 모였다. 자신들의 고향으로는 결코 돌아가지 못하면서 가족들의 소식을 물으며 피난민들이 있는 들판 사이를 헤매었다. 그리고 후퇴하면서 마야사람들은 동쪽으로 살 길을 찾아 갔다. 이제 유까딴 사람들은 변경 지방을 멀리하고 서쪽으로 옮겨갔다. 유까딴 군인들이 있는 곳은 멀리했다. 시간이 흐르면서 동쪽지방은 사람이 살지 않고, 경계는 점점 서쪽으로 가까워져서 체막스(Chemax)에서 바야돌리드(Valladolid)로, 깜뽀꼴체(Kampocolche)에서 뻬또(Peto)나 떼깍스(Tekax)로 이동하였다.

5월 3일에 찬 산따 끄루스를 침공한 것이 봄의 마지막 규모 있는 행동이었고, 우기동안에는 제각기의 승강이가 있었다. 길들이 말랐을 무렵에 다시 전쟁을 계획했다. 지방의 수비대들에게 행동을 하라고 명령이 내려져, 머물고 있는 자들은 신고하고 무장을 해야 했다. 1851년 12월 중순, 베가(Vega)장군은 주의 북쪽에서부터 바야돌리드까지 통과하고 다시 띠호수꼬까지 내려가며 유까딴군과 마야군의 형편을 살폈다. 지역의 경비병은 없었다. 목록도 없었고, 준비물도 없었다. 연대는 도덕성의 붕괴 상태에 있었다. 베테랑들은 3년간의 전투에 지쳐있었다. 최고의 징벌인 협박 때문에 나오거나 매복할 뿐이었다. 징병은 이루지 못했다. 그러나 뭔가 해야 했다. 평화를 위해 아직 몇몇 남은 마야 야만인들을 짓밟아야 했다. 야단치고, 설득하여 베가는 두 달이 더 늦게 1852년 2월 19일에 띠호수꼬에서 비로소 출정할 군대를 모을 수 있었다. 루스(Ruz)대령은 바야돌리드에서부터 북동쪽의 해변으로 밀고 가기로 했다. 루이스(Ruiz), 오란(O'Horan), 바께이로(Baquiero) 대령은 남쪽에 있는 로츠하(Lochha)로 보내졌다. 로츠하는 그 사이에 메스띠소 지도자 엔깔라다(Pedro Encalada) 아래 반란의 요람으로 변했다. 루이스가 남고 다른 둘은 치찬하(Chichanha)로 갔다. 이렇게 하는 데에도 몇 달이 걸렸다.

전선의 남서쪽을 이렇게 정리하고 베가는 로사도, 노벨로와 함께 600명을 이끌고 깜뽀꼴체로 나아갔다. 여기서 군인들은 포로가 된 '십자가의 사제'들을 보고 놀라서 입이 벌어졌다. 그들은 형편없는 복장을 하고 보물을 찾아 땅을 파노라고 지쳐있었다. 그들에 의하면 16명의 마야 사람들을 신의 명령에 따라 희생의례를 하고 호세 바레라의 보물을 찾기 위해 손이 부르트도록 땅을 팠으나 아무것도 나오지 않았다고 하였다.

군대는 산따 끄루스 군의 흔적을 찾아 이틀 동안 걸었다. 그리고 2월 24일에 반란군의 마을인 찬 산따 끄루스에 도착했다. 마을 전체를 향해 대포를 퍼부었다. 반란군들은 이미 도망을 갔는지 아무런 저항이 없었다. 유까딴 군은 마을의 중앙을 점거했다.

찬 산따 끄루스는 그 전 해인 1851년부터 마을으로서 모양새를 갖추었다. 9개의 초가가 몇 미터씩의 거리를 두고 있었는데, 각각 다른 용도를 의미하는 것이었다. 전체적으로 300-400 채 정도 되었고, 마을 중앙에 8-9 채가 지도자들을 위한 것이었다. 또 아주 잘 만들어진 큰방으로 된 세 개의 사병소가 있었고, 교회와 우물과 물통이 있었다. 죽은 자들을 위한 장소에 빨마(Palma)로 장식된 아치가 있었다. 각각의 초가에 새로운 무덤이 있었다. 까마라 사발라(Felipe de la Camara Zavala)는 길에서 한 소년이 죽어있는 것을 발견했다, 한 어린이는 아직도 조금 움직이고 있었다. 집안의 그물침대에는 눈을 감지 못한 사람이 있었다. 이곳에는 이미 유까딴 군이 두려울 것은 아무것도 없었다. 오로지 인간의 고통에 대한 혐오, 반란군들에 대한 연민, 그런 것들이 있었다.

베가 장군은 아직도 숨어있는 샘의 까오바 나무 옆에 첫 번째 십자가[63], 즉 모든 "십자가들의 어머니[64]"가 나타났었던 샘을 찾았다. 도망가지 못한 마을 사람들이 그곳은 갈 수 없다고 했다. 첫 번 째 십자가가 나타났던 곳은 이후의 여러 다른 십자가들을 낳은 성스러운 장소였기 때문이었다. 베가 장군은 큰 나무들을 쓰러뜨리면서 십자가에 대한 환상을 없애기로 결정지었다. 200명의 마야 포로들 앞에서 이 일을 하면서, "그전에 이렇게 큰 나무가 쓰러진 것을 본 일이 있냐"고 물었다. 그러나 원주민들과 토론을 하는 것을 소용이 없었다. 어쨌거나 그들은 한 움큼의 굶주린 광신자들이었다. 그들을 내버려두고 4월2일 군대는 싸울 상대를 찾아 남쪽으로 갔다.

여러 분대로 나누어 유까딴 군은 300여명의 포로를 잡았다. 마야 사람들은 체포하는 것보다 찾는 것이 더 힘들었다. 한 달 후, 유까딴 군은 다시 바깔라르에 모였다. 그리고 바께이로(Baqueiro) 대령의 명령으로 치찬하에서 모였다. 온도강(rio Hondo), 까까오(Cacao), 아구아블란까(Agua Blanca)에도 수비병을 두었다. 그리고 모든 상업적 거래를 하지 못하도록 변경을 봉쇄했다.

북쪽에서는 바야돌리드 밖에서 루스(Ruz)대령이 같은 상황을 만났다. 그의 군대도 전쟁보다는 탐사에 가까운 작전을 하였다. 그들은 굶주리고 반항할 수 없어 숨어있는 적들을 만났다.

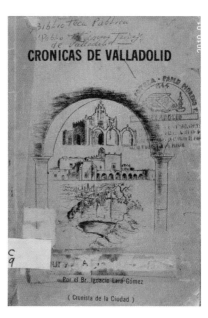

그림 36. 바야돌리드 연대기 책. 위로부터 가톨릭의 대성당, 수도원, 세노떼이다. 위의 둘의 스페인의, 세노떼는 마야사람들의 종교중심지이다.

---

63) 스페인어 원문 la primera cruz.

64) 스페인어 원문 Madre de las Cruces

그들의 목적을 이루고 비가 오는 계절이 되자 베가 장군은 철수했다. 군대는 정규 막사로 돌아갔고, 경비병들은 행복하게 집으로 돌아갔다. 두 달간 소식이 없다가 메리다에서는 산 베니또 대포들을 쏘며 승리를 축하했다.

1852년 여름 우기동안에 동쪽 셀바에 경보와 소강전이 있었고, 한번은 찬 산따 끄루스까지 습격했다. 그러나 유까딴 정부는 까스따전쟁에는 이제 진절머리가 나 있었다. 처음에 무기를 들었던 대부분의 마야사람들이 이제는 굴복되었기 때문이었다. 60-70 초가가 들어선 마을에 다시 라디노 관리자와 교회가 들어섰다. 그리고 승리에 대한 축제를 하는 데에 돈을 엄청 쓰고 있었다.

시간이 감에 따라 요새화 된 도시들은 경비를 느슨하게 하기 시작했다. 창문을 막았던 방어를 뜯어내어 햇빛이 들어오게 하였고, 도로의 방어물을 치웠고, 날아간 지붕을 새 풀로 덮었고, 예비군들은 군사 활동을 멈추고 집에 머물렀다. 바야돌리드에서는 산 헤르바시오(San Gervacio)의 214g의 종을 파묻힌 곳에서 다시 꺼내어서 종각에 달고, 평화를 알리는 종소리를 울렸다.

인구 감소와 파괴는 바야돌리드와 떼깍스에서 가장 심했다. 이것은 옥수수를 키울 밭과, 설탕 및 가축의 감소를 의미했다. 설탕은 깜뻬체의 가장 중요한 생산품이었다. 그리고 점점 더 심하게 감소하였다. 옥수수를 심었지만 돈으로 환산하면 턱없이 부족했다. 유일한 희망은 북쪽의 돌밭에 자랄 수 있는 에네껜이었다. 에네껜 사업은 전쟁 중에도 꾸준히 성장했다. 메리다의 끄리오요들은 설탕 및 옥수수 생산에 덜 의존하고 상업적 작물에 더 집중했다. 메리다는 다시 거리를 정비하고 유럽식의 정원을 가꾸었다. 그리고 나귀들과 원주민들이 들어오지 못하도록 문과 철 담장을 세웠다. 시청을 다시 세우고 1849년 4월에는 후스또 시에라(Justo Sierra)가 이끄는 과학 문학 아카데미(Academia de Ciencias y Literatura)를 열었다. 두 개의 도서관, 극장과 연주회도 다시 열렸다.

바르바차노는 4번째로 주지사로 선출되었다. 그러나 산따아나가 재집권하여서 유까딴을 간섭하기 시작했다. 아무도 바르바차노가 그의 임기를 끝낼 수 있으리라고 생각하지 않았다. 위원회는 산따아나와 바르바차노의 협정을 지지했다. 바르바차노와 베가는 전쟁 중에 나타난 군사적인 유력자들과 협력정권을 이루었지만 그의 영향력은 점점 줄었다. 그러자 베가 장군이 1853년 8월 7일에 그의 직위를 이어받았다. 그러자 놀란 입법의회가 반격을 했다. 그들은 직접 선거를 거부하고 법적인 비호, 신문 검증, 모임의 권리 등을 거부했다. 메리다에는 다시 군대가 들어왔다. 시민 자유주의의 오랜 전통을 지닌 유까딴 국회는 군대에게 항복했다. 또 다시 성명서를 읽고 불꽃 포탄을 쏘아 올리고, 종이 울리고 교향악단은 연주를 했다.

1852년 12월 31일에, 호세 마리아 바레라(Jose Maria Barrera)가 사망했다. 아센시온(Ascención)만에서 여러 반란군의 우두머리를 대운 배를 잡았다. 결국은 치찬하(Chichanhá)에 평화가 왔다는 말이 돌았다. 노벨로 대령은 군대를 모아 바깔라르 남쪽으로 조사를 나갔다.

앙헬리노 이쯔아(Angelino Itza)의 후계자인 호세 마리라 죽(Jose Maria Tzuc)은 치찬하(Chichanha)가 패퇴한 뒤의 마지막 바땁으로서 벨리즈(Belice)의 판쿠트(Fancourt)에게 메리다와의 교섭을 부탁했다. 메리다를 대표하여 그레고리오 깐똔(Gregorio Canton)이 와서 1853년 9월 16일, 벨리즈의 정부 집에서 서명을 했다.

"10년의 유예기간 이후에도 마야사람들에게는 세금을 물리지 않을 것이다. 그들의 무기를 유지할 것을 허락할 것이다. 메스띠소와 참여한 일부의 백인들까지 모두 포함해 전반적으로 용서할 것이다. 반란 마야사람들은 지금 그들이 있는 데에 머물러도 되고, 고향으로 돌아가서 이 협약은 메리다에는 직접적으로 보고되지 않았다. 깐똔은 더 이상 마야사람들이 매복한 사이를 뚫는 모험을 하고 싶지 않았기 때문이다.

여기는 정치적인 요인도 있었다. 치찬하와 계약하기 하루 전에, 30세의 몰라 대령은 베가 장군에게 반기를 들고 유까딴의 자유를 선언했다. 또 다른 혁명이었다. 그를 따르는 젊은 군인들은 바라바차니스따를 자처하며 정부에 반항했다. 그들은 바야돌리드를 점령하였고, 곧 메리다로 쳐들어올 기세였다. 베가 장군은 바르바차노와 8명의 그의 동지들을 산 베니또에서 체포하여 산 후안 데 울루아의 요새로 보냈다.

어쨌든 이 협정은 마야반란군과 지친 유까딴 사람들, 특히 멕시코중앙정부에게는 좋아보였다. 그러나 자존심 강한 메리다의 신사들을 이해시키기는 힘이 들었다. 그래도 1853년의 조약은 유지되었다.

노벨로 대령은 이제 편안히 유까딴으로 돌아가고 있었다. 그러나 우아이막스(Uaymax)의 변경의 관리소가 공격을 당한 것을 보았다. 1853년의 조약에 대해 모르는 유까딴 군인들과 마야사람들 사이에 싸움이 벌어진 것을 셀바에 숨어있던 늙은 마야사람 노인에게서 들었다.

로사도 대령, 깜뻬체에서는 올리베 대령이 올라와서 합세했다. 몰라와 세뻬따는 다시 패퇴했다. 세뻬다는 북쪽 해안으로 가서 미국으로 도망쳤고, 몰라는 잡혀서 총살당했다. 승리했으나 군대에게 남은 것은 없었다. 로사도는 이사말에서 콜레라에 걸려 죽었다. 그의 오래된 친구인 벨라 신부가 그를 이사말에 묻었다. 다음에는 그의 부관, 그리고 병사들이 콜레라로 쓰러졌다.

그리고 마야사람들이 왔다. 딱지빌첸(Tacdzibichen), 띠스까깔뚜유

(Tixcacaltuyu), 산따 마리아(Santa Maria), 약스까바(Yaxcaba)로 몰려왔다. 병들은 군사들은 차례로 무너졌다. 밀도나도(Mildonado)와 레온(Leon)이 합세하러 왔다. 그들은 뼈만 남아 신앙과 환상을 먹고 싸우고 마야사람들과 마주쳤다. 그들은 찬 산따 끄루스에 들어섰다. 콜레라는 양쪽 다 덮쳤다. 바야돌리드를 수호했던 레온대령도 길에서 쓰러졌다. 급하게 무덤을 만들었다고 이 와중에 살아남아 우이막스(Uaymax)에 피난한 노벨로가 전했다.

1853년, 사깔라까(Sacalaca), 사반(Saban), 조노첼(Dzonotchel), 치낀조노뜨(Chikindzonot), 이츠물(Ichmul), 띠호수꼬(Tihosuco), 띠스까깔뚜유(Tixcacaltuyu), 산따 마리아(Santa Maria)와 약스까바(Yaxcaba) 등이 다시 반란군의 손에 들어갔다. 모든 곳에 마야사람들이 있었다. 라디노 주민들은 대부분 마체떼로 죽임을 당하고 남은 자들은 포로로 잡혀갔다.

이와 같은 승리에도 불구하고 여전히 반란군의 상황은 형편없었다. 몸은 삐쩍 말라 거의 핏기가 없었고, 머리는 길게 늘어졌다. 그들은 무덤에서 튀어나온 사람들 같았다.

다른 한편, 다시 마야사람들을 팔기 시작했다. 이전과 마찬가지로 전쟁포로와는 관계없는 사람들이 대부분이었다. 산따아나는 이 상업을 허가했다. 그는 히메네스(Manuel Maria Jimenz)를 비롯한 유까딴의 몇몇의 친구에 대한 마지막 선물이라고 했다. 이 무역은 바르바차노가 실각한 6월에 이미 시작했다. 판쿠트(Fancourt)는 하바나에서 팔려고 30명의 남자와 3명의 여자를 신고 가던 알레르따(Alerta)라는 배를 잡았다고 보고했다. 이 노예들의 주인은 벨리즈의 재판에서 4년간 강제노동형을 받고 풀려났다.

비빌리에 행한 것의 정확한 숫자를 찾기는 어렵다. 노예무역은 정치적인 이유보다는 경제적 문제를 해결하기 위한 것이었다. 나중에 헤라르도 띠손이라는 사람이 375명을 배에 태웠다. 띠손은 바레라 주지사 시절에 30,000 뻬소와 500정을 빌리고 갚기 위하여 이 일을 하기로 했다. 그는 어린이는 공짜로, 그리고 마야사람 포로를 한 사람당 25뻬소를 받고 파는 것을 성사하면 1% 배당금을 약속받았다. 이 거래는 뻬라사 장군이 자리잡을 때까지는 실행되지 않았다. 그사이에 값이 올라 남자는 40, 여자는 25 뻬소로 오른 후, 북쪽 해안의 라 오른 후가르또 강(rio Lagarto), 질람(Dzilam), 산 펠리뻬(San Felipe)에서 작은 배가 출발했다. 새로이 주지사에 오른 이리고엔(Irigoyen)은 정치적으로 생산품을 줄이고 높은 가격으로 받으려고 했다. 남자는 160, 여자는 120, 어린이들은 80 뻬소로 올렸다. 그래도 무역은 점점 인기가 있었다. 팬찮은 집안의 젊은 여자들을 잡아서 가장 가까운 항구로 날랐다. 호송대들은 육지에서 차도로 마야사람들을 옮기는 것을 도왔고, 배들은 깜뻬체에서 사람들은 실었다. 시살의 요새는 아직 팔리지 않고 남은 자들을 보관하는 곳으로 이용되었다. 가브리엘 가호나(Gabriel Gahona)는 "한 원주민 여인(Una Indigena)"라고 제목을 붙인 만화를 그렸는데 한 여자가 하바나행이라는 딱지가 붙은 철제그물상자에 기대어 앉아있는 그림이었다.

1854년 4월 1일 루스(Ruz)대령은 띠호수꼬에서 찬 산따 끄루스로 갔다. 4월 10일 마지막 전쟁을 했다. 총알은 날고 나흘 동안 밀고 밀렸다. 마침내 기지까지 밀고 갔다. 그러나 마야사람들은 물러설 줄 몰랐다. 루스 대령은 다시 겨우 350명을 모아 5월 26일에 쳐들어갔다. 마을에 도착하자 목마른 군인들은 샘물을 마셨다. 그리고 현기증을 일으키더니 토하고 죽었다. 산따 끄루스의 물에는 콜레라로 죽은 사람들의 옷이 들어 있었다. 40여명이 쓰러졌다. 마야사람들은 한 마을, 다른 마을 따로따로 공격했다. 루스의 군인은 90명밖에 남지 않았다. 마침내 그는 부상병들을 데리고 돌아갔다.

베가 장군은 바야돌리드, 뻬또로 군대를 보내었다. 띠뚝(Tituc, Yucatan)에서는 마야사람들이 이겼다. 다른 데서는 유까딴 군인들이 이겼다. 베가는 노벨로 대령과 곤잘레스(Pablo Antonio Gonzalez) 대령을 불렀다. 그들

을 찬 산따 끄루스로 보냈다. 거기에는 끄루스옵의 방식65)으로 희생된 18
명이 있었다. 루스 대령이 남기고 간 사람들이었다. 구역질나는 풍경에 곤
잘레스는 그곳보다 남쪽에 있는 스빤하(Xpanha)의 세노떼에 진지를 구축
했다. 1854년 12월에는 그 일대를 장악하고 축하했다. 1월이 되자 지친 장
교들이 반란을 일으켜서 두 명을 처형했다.

그 때 노벨로 대령은 남쪽에 있었다. 바깔라르 호수 근처로 돌아갔다.
40km떨어져 있는 곤잘레스에게 도움을 요청했으나 그의 군대에도 이미
문제가 많았다. 1855년 2월 22일 노벨로는 혼자 공격했다. 2월 25일에는
나머지 250명을 데리고 총공격을 했다. 그러나 여전히 방어벽은 무너지지
않았다. 이틀 후 그들은 북쪽으로 돌아가고 있었다. 200여명의 아픈 자와
다친 자를 남기고 3월 4일에 그들은 뻬또에 도착했다. 곤잘레스 대령은 그
사이에 아무런 전쟁을 하지 않았다. 그는 마야사람들이 굶주림과 목마름
으로 죽기를 기다리는 편을 택했다.


1855년 유까딴의 병사는 1000명이 죽었다. 반은 전쟁에서 직접 죽었고,
반은 콜레라와 부상으로 죽었다. 결과는 매우 단순했다. 마야사람들이 도
망쳤기 때문에 까스따 전쟁의 과격한 시기는 끝이 났다. 승리자는 없었다.
1855년 이후에는 두 지배체재가 공존했다: 멕시코와 연합한 유까딴 정부
와 찬 산따 끄루스, 즉 유까딴 반도의 서쪽에는 라디노들이, 동쪽의 셀바
에는 마야 원주민들이 살았다. 컬럼버스가 아메리카에 발을 들여놓은 이
후 이것이 마야사람들의 유일한 승리였다.

---

65) 여기에 대한 설명은 없으나 목을 자르거나 심장을 꺼내는 전통적인 희생의례 방식으로 희생이 되었을 것으로
추측한다.

그림 37. 찬 산따 끄루스의 사령부(1901년), 바야돌리드 박물관 소재

## 5.3 '말하는 십자가'의 나라(1855~1861)

찬 산따 끄루스는 이제 꾸루스옵의 새마을로 변했다. 호세 마리아 바레라의 십자가는 스스로 상징하는 바를 마야 사람들의 필요에 잘 적응시켜서 창조자인 바레라가 욕조노뜨(Yokdzonot)에서 1852년 12월 31일에 죽은 뒤에도 여전히 잘 마야사람들을 이끌었다. "말하는 십자가"는 예언자가 아니고 전달자였다.

십자가에는 사회적인 삶이 있었고, 순교자들의 피로 양분을 취했다. 플로렌띠노 찬이 죽었고, 또 치찬하의 조약이 깨질 때 꼬스메 다미안 뻬츠(Cosme Damian Pech)가 죽었다. 후안 후스또 얌(Juan Justo Yam), 베나도 뻭(Venado Pec), 등 수많은 사람들이 총, 마체떼, 굶주림, 콜레라, 절망으로 죽었다. 그러나 끄루스옵은 살아남았다. 끄루스옵은 유까딴과 멕시코의 숫적으로나 물질적으로나 우세한 적들과 8년을 싸웠다. 함정과, 독이 든 샘과, 속임수에 맞서서 옥수수를 심고, 싸울 방법이 없을 때는 도망쳐서 셀바에 숨었다. 항복하는 것 외에는 길이 없을 때는 굶어죽으면서도 끄루스옵은 계속 되었다.

반란군들은 치찬하에서 피난처를 찾거나, 이스깐하(Ixcanha), 로츠하(Locha), 메사삐츠(Mesapich)에 살았다. 일부는 과테말라나 벨리즈로 도망했다. 그러나 어느 누구도 바야돌리드 동쪽 셀바에서 수시로 공격을 하는 유까딴 군에게 쉽사리 항복하지 않았다. 마야 사람들은 라디노들에게서 떨어져 있는 사는 것을 유지했다. 유까딴은 그들이 동쪽의 변방에서 웅크리고 사는 것을 비웃었다. 그리고 동쪽의 열악한 환경에서 죽거나 약해지면 흡수하려고 마야사람들을 내버려 두었다.

다만 끄루스옵, '말하는 십자가66)'에 대해서만 약간 긍정적이었다. 십자가는 가장 권위가 있었으며, 모든 문명에서 필요했다. 안전하지 못하다고 느끼는 모든 사람들은, 비록 백인이라 할지라도, 신부에게 호소하기 위해서 갔다. 추기경은 거의 신과 같은 존재였다. 그는 띠호(T-ho, 메리다의 옛 이름)에 머무르며 사제들을 거느리고 있었다. '말하는 십자가'는 메리다의 추기경과 같은 권위가 있었다. '말하는 십자가'의 세계는 찬 산따 끄르스에 집중했다. 마을과 성지는 조화롭고 편안했다. 안전하고, 권위와 종교적 방향이 있었다. 무기와 탄약을 구하는 것 외에는 밖의 세계를 볼 필요가 없었다. 이렇게 사회적으로 온전한 덕분에 '끄루스옵'은 그 끔찍한 전쟁 속에서 살아남을 수 있었다.


또 다시 씨앗을 심을 계절이 왔다, 8년 만에 처음으로 아무런 문제가 없었다. 들판을 태우자 비가 내렸다. 폭신한 땅에 씨앗을 심자 싹이 나와서

---

66) 스페인어 원문 La Cruz parlante.

무럭무럭 자라 익었다. 그 사이에 농민들은 평화롭게 기다렸고, 이윽고 수확하여 아내와 아이들을 먹였다. 생활은 어느 정도 정상으로 돌아왔다. 일상의 평화에 대하여 그들은 '말하는 십자가'에게 감사했다.

호세 마리아 바레라의 특권과 권위는 십자가를 후원하는 그의 추종자들에게 이어졌다. 주위 마을 축제의 후원 성자들에게까지 이어졌다. 그들의 흔히 따띠츠(Tatich), 즉 신부라 불렸고 때로는 노호츠 따따(Nohoch Tata), 큰 신부 또는 아흐낀(Ahkin) 사제라 불렸다. 끄루스옵의 성공으로 마야사람들은 스페인이 마야를 정복하기 전의 전통으로 돌아갔지만, 이는 이미 가톨릭과 아주 밀접하였다. 근원적으로 따띠츠는 사제였다, 라디노 사제 대신에 그들은 미사의 성찬, 세례, 결혼을 주재했다. 시간이 흐름에 따라 그들은 추기경과 같은 권위를 지니게 되었다. 다른 곳으로 신부들을 보내고 사제의 단계로 성가 선생들을 올리기도 했다. 그의 위치는 세습되었는데, 십자가에 근거하여, 그들은 신의 뜻을 땅에서 해독하여 주었다, 그들의 권위는 교황에 견줄만했다. 누가 바레라를 이었는지는 정확히 모른다. 십자가로 서명한 편지를 보낸 후안 데 라 끄루스 뿍(Juan de la Cruz Puc)이라고도 한다. 그러나 바레라의 손자는 그의 아버지 아구스띤 바레라(Agusin Barrera)가 호세 마리아의 뒤를 이었다고 주장했다.

따띠츠를 돕기 위해, 다른 두 명이 나우아뜨(Manuel Nahuat)의 복화술 역할을 조직적으로 했다. 따따 뽈린(Tata Polin), 십자가의 해독자, 성스러운 말의 조직, 아마도 그들은 구덩이에 웅크리고 젖은 통을 통해서 말했을 것이다. 후안 데 라 끄루스(Juan de la Cruz)는 따띠츠(Tatich) 아래서 글을 읽거나, 소리로 말씀을 전했다.

따띠츠 다음으로는 군대의 우두머리들이 있었다. 그러나 이것은 이론에 불과했다. 많은 경우에 그들은 따띠츠를 살해하거나 지배했다. 그러나 정상적으로는 따띠츠가 최고여서, 그들에게 채찍질을 하라고 명령을 내릴 수도 있었다. 따띠츠는 재판관이었고, 내부의 일을 규정하고, 전쟁을 결정할 수 있었다.

　따따 치끼욱(Tata Chikiuc), '광장의 장군'이라는 뜻으로, 그는 따띠츠와 같은 규모의 집을 마을의 중앙광장에 갖고 있었다. 그의 아래로 군대의 지휘관(jefes)들과 집행관(oficiales)들이 있었다. 그리고 여기에는 정보부도 있어서 '따따 노호츠 술(Tata Nohoch Zul)' 이라 불렀다. '큰 스파이 아버지'라는 뜻이다. 이 기관에서는 라디노들 사이로 정기적으로 첩자를 보내어 장군들 사이의 야심을 따띠츠에게 보고했다. 스파이 이외에는 모두 '따따 치끼욱(광장의 장군)'이 명령했다. 계급이 낮은 직위는 새해 첫날에 따띠츠의 승인아래 직위가 빈 곳에 사람을 뽑았다. 각각의 집단의 우두머리는 마을에서 바땁이 하던 일을 이어받아 가벼운 죄를 재판하고, 훈련과 대중의 도덕성을 지켰다. 좀 더 무거운 죄는 '광장의 장군'이 지명한 지휘관들의 위원회에서 의논을 하였다. 이 위원회(consejo)는 끄루스옵의 재판 및 법의 중심이었고, 마지막으로는 따띠츠에 가져갔다. 집단에 대한 충성은 성자들의 경호 조직을 통해서 십자가에 봉사하는 것으로 넘어갔다. 정체를 알고 싶어 하는 호기심어린 눈길에서 십자가를 숨기기 위하여 성소 주위를 보호하는 군대의 필요성 때문에 경비대는 가장 중요했다. 집단마다 150명을 두고 일 년 내내 지켰다. 이것이 끄루스옵에 상주하는 군대였다. 이들이 머무는 병영을 찬 산따 끄루스에 지었다. 여기에 오는 모든 군인은 경비를 하고, 부대를 위하여 기도를 하는 등 종교적인 일과 사회적 봉사를 했다. 이렇듯 번갈아하는 일 이외에 "성스러운 십자가"와 "꼰셉시온의 처녀(Virgen de Concepción)"의 두개의 큰 축제가 있었다. 이러한 조직은 십자가가 나타날 때부터 시작하여 군사적 승리 및 평화와 함께 발전했다.

　새벽이 되면 경비대의 마에스뜨로는 하마까를 떨치고 일어난다. "최고의 성스러움"을 위해 불침번을 계속 선다. 촛농이 떨어지는 양초는 몇몇의 십자가를 비추고 있다. 십자가는 우이삘을 입었거나, 작은 거울, 색깔종이,

허리끈과 바다조개비로 장식되어 있다. "최고의 성스러움" 자체는 하나의 나무 관에 넣어져 숨겨있다. 경비병들 중 몇몇은 넓은 빤초에 어깨를 쑤셔 넣고, 맨바닥에 무릎을 꿇고 기도하고 있었다. 마에스뜨로(maestro)는 미사를 시작했다. 노래는 할 수 있는 한 바르게 라틴어로 불렀다. 그것은 신의 언어로 그가 이해하는 것이었다. 성찬은 두꺼운 옥수수 또르띠야와 꿀이었다. 의례형식은 가톨릭의 일반 미사와 같았다. 우리들의 아버지, 구세주, 신도, 고백성사, 참회. 모두 어린 시절에 라디노 신부들이나 수사들에게 미사 시동으로 봉사하면서 배웠던 것이다.

작은 미사 후에는 성가를 부르는 마에스뜨로(maestro)와 군인들은 아침 식사가 준비되는 사령부로 갔다. 군인들에게는 이제 길고 지루한 하루가 시작되는 것이다. 8시에 다시 미사가 있고, 거기서는 성가와 폴카가 연주된다, 밤에는 로사리오가 있다. 그들은 마지막 전투에 대해서 수다를 떨거나 기억하면서 하마까에서 뒹굴거나, 에네껜으로 밧줄을 꼬거나, 가방을 만들거나 등 시간을 보낸다. 부엌에서는 또르띠야를 만드노라고 팟, 팟, 팟 하는 소리가 드리고, 랏, 랏, 랏 하며 메따떼(metate)에서 옥수수 가루를 내는 소리가 들린다. 대부분의 하녀들은 라디노 노예들이다, 그들은 한 때는 부자 농장주의 애인이었거나, 대령의 아내, 더 나아가 마을에서 가장 아름다워서 창가에서 기타를 들으며 누구를 선택할까 했던 여자들이었다. 지금은 아궁이에서 나오는 검댕으로 얼굴이 까맣게 되고, 무거운 물 양동이를 나르노라고 피곤해진 팔, 밤에는 그에게 할당된 자와 하마까에서 함께 잤다.

사람이 늘어나자 새로운 교회를 짓고 양쪽에 '재규어의 집(El Balam Na)'을 지어 지위가 낮은 사람들이 살도록 했다. 이 발람 나에는 백인노예도 살고 있었다. 라디노들의 통계에 의하면 1859년에 500명이 포로로 잡혀서 200명이 죽었다. 여자들은 교회 옆은 다른 건물에 있었는데, 따띠츠와 우두머리들의 아이들을 비롯한 가족에게 봉사했고, 예쁜 여자들은 그 외에도 높은 계급자의 그물침대에서 봉사했다. 남자들은 들판, 나무 자르기, 석회 태우기, 돌 나르기 들의 일을 했다. 포로들의 대부분은 메스띠소와 백인 중에 낮은 계급의 사람으로 변경에 살아서 징집할 때 도망치지 못한 사람들이었다. 라디노의 세계가 지배하는 곳과 비교하면 주인과 노예가 바뀌었다. 모든 인종의 어린이들은 공동체 안에서 다 함께 자유롭게 키웠다. 가끔 이 중에 계급이 높았던 사람들도 있었는데, 그들은 버릇이 되지 않은 일과 영양이 나쁜 식사, 그들이 느끼는 절망감 때문에 모두 일찍 죽었다.

따띠츠는 새벽 예배를 가지 않는 동안 금과 보석으로 장식한 십자가가 있는 그의 개인 예배당에서 헌신을 마쳤다. 당시의 따띠츠는 보니파시오 노벨로(Bonifacio Novelo)였다. 20년 전에 "바야돌리드 포위"에서 도망쳤던 자이다. 지금은 독립된 나라의 군대와 부를 지배하는, '최고 사제', '마을 아버지'이다. 1867년 가을에 찬 산따 끄루스를 방문했던 존 카미카엘(John Carmichael)에 의하면, 그는 원주민이 만든 여러 색깔의 천을 두르고, 역시 원주민이 만든 하얀 바지를 입고 가죽에 수를 놓은 우아라체(Huarache)[67]를 신고, 허리에 장식 손수건과 목에는 십자가가 달린 무거운 금목걸이를 하고 있었다. 노벨로는 그에게 "유까딴 사람들은 우리에게 배반자와 잔인하다는 명성을 붙였으나, 영국인은 걱정을 말라. 영국인에게는 우정이 있을 뿐이라."고 했다.

1856년은 끄루스옵을 공고히 하는 해였다. 1856-57년 사이의 건조기에도 약간의 다툼 이외에는 조용했다. 씨앗을 심어 자라자 수확을 하였고, 소들을 살을 찌워 온도(Hondo) 강으로 팔러갔다. 새로운 장총과 탄약은 탐이 났다. 그러나 첩자에 의하면 변경에는 경비병도 줄고 조용했다.

---

67) 마야사람들이 신는 샌들.

## 5.4 끄루스옵과 유까딴의 전쟁

유까딴 정부[68]의 경찰은 모든 분야에서 일하고 있었다. 베가 장군은 1854년 11월에 그의 상관인 멕시코의 산따아나에게로 돌아갔다. 노예장사, 세금, 뇌물 등을 받아서 수입이 많았던 그는 별로 돌아가고 싶어 하지 않았다. 그는 수하인 호세 까데나스(Jose Cadenas)에게 넘기고 갔다. 그러나 까데나스는 금세 멕시코 장군인 뻬드로 데 암뿌디아(Pedro de Ampudia)에게 자리를 넘겨야만 했다. 1855년 산따아나의 독재는 무너졌다. 자유주의자, 연방주의자들이 승리했다. 유까딴은 군인이 아닌 지도자를 찾았다. 미겔 바르바차노는 산 후안 데 울루아의 감옥에서 돌아온 후 1859년 12월 17일, 52세의 나이로 메리다에서 숨졌다. 멘데스(Santiago Mendez)가 1855년 11월에 다시 선출되었다. 당시 메리다 정부의 수입은 40.8000 뻬소였는데 그중 80%가 내부 전쟁에 쓰였다. 게다가 100,000 뻬소의 빚이 있었다. 멘데스는 이것을 정리하는데 에 힘썼다. 반란이 사라지자, 세금을 올리고, 수입과 수출의 균형을 맞추고, 2년 후에는 시중에 유통되는 빚 이외에는 재무성에는 돈이 있었다. 쿠바에 노예무역을 하는 것을 금지하고, 외국으로 가는 개인 머슴들의 여권 하나당 1000 뻬소의 보증을 섰다. 이 때문에 멘데스는 정치가로서 명성을 얻었지만 15년 후 그가 죽었을 때는 가난했다.

바르바차노와 멘데스는 새로운 세대에게 자리를 양보했다. 1857년 7월 26일 빤딸레온 바레라(Pantaleon Barrera) 대령이 주지사로 선출되었다. 그는 깜뻬체 사람으로 체네스(Chenes)사람들을 대변하였지만, 꼭 남쪽사람들의 이익에만 헌신한 것은 아니었다.

메리다가 발전하자 깜뻬체는 상대적으로 고통을 당했다. 멘데스, 바르바차노, 새 주지사 바레라, 모두 깜뻬체 출신이었으나 메리다를 중심으로 한

---

68) 1848년 8월 17일 이후 유까딴 정부는 현재의 유까딴과 깜뻬체를 함께 대표하는 정부가 되었다.

반도의 북쪽에서 얻을 수 있는 부에 매료되어 메리다에 머물렀다. 깜뻬체는 메리다에 불만을 갖고 독립하기를 원했다. 메리다와 깜뻬체 사이에는 전운이 감돌았다.

1857년 9월 14일 떼깍스(Tekax)를 향해서 진군했다. 그들은 "깜뻬체와 이르고벤(Irigoyen) 만세! 메리다와 바레라(Barrera) 죽어라!" 는 함성에 합세했다. 지휘관은 깜뻬체의 라디노였다. 그런데 여전히 그들 사이에는 마야의 용병이 있었다. 수많은 이전의 전쟁을 치르고도 여전히 라디노들은 원주민들을 그들의 전쟁에 불렀던 것이다. 그런데 이번에 합세한 용병은 '끄루스옵'이었다. 그리고 유까딴 사람들이 무너지자 찬 산따 끄루스(Chan Santa Cruz)의 따따 치리욱(Tata Chiliuc)인 끄레센시오 뿌뜨(Crescencio Poot)는 대학살을 명령했다. 이 날 죽은 사람은 1,000명이 넘었다. 그리고 마을을 불태웠다. 모욕과 협박은 있었지만 강탈은 없었다. 뿌뜨의 군인들은 광장에 퍼져서 불타는 재 사이에 주저앉아 노래와 기타로 치는 세레나데를 들었다. 마린(Marin)신부는 불과 불 사이를 걸어 다니며 살해자와 그에게 손을 올리지 않은 우두머리들을 표시하며 다녔다. 루이스(Ruiz) 하사와 그의 사람들은 도움이 오는 새벽까지 그들의 손에서 무기를 놓지 않았다.

그날 밤 떼깍스에서 살아남은 또 다른 백인들이 있었다. 굶어 죽으라고 감옥에 놔둔 사람들인데 상인인 안셀로 두아르떼(Anselo Duarte)가 그들에게 먹을 것을 주고 그의 정원에 샘을 파게 했다. 마야의 군인들이 왔을 때, 스파이는 이 사실을 말했다. 그의 집과 그의 가게는 보호되었고, 그 가족들은 무사히 도망갔다.

뿌뜨의 부하들은 도구, 마체떼, 도끼, 가마솥, 냄비, 면, 그리고 각 집의 무기와 탄약을 가졌다. 돈과 보석은 각 개인이 가졌다. 그것은 십자가에게 봉헌물 형식으로 바칠 것이었다. 군대는 밤을 떼깍스에서 보냈다. 그 다음 날 새벽에는 약탈이 끝났다.

이 해가 끝날 무렵, 벨리즈에는 찬 산따 끄루스가 공격할 것이라는 풍문이 돌았다. 꼬로살(Corosal)에는 치찬하(Chichanha)로부터 1857년에 온 피난민이 2,000명도 넘었다. 이 사람들에 대한 두 번째 공격이 있기 전에 모두 끄루스옵으로부터 더 떨어진 이까이체(Icaiché)로 도망갔다. 온도(Hondo)에는 다음 해 2월 15일. 말과 노새를 타고 꾸루스옵의 군인들이 1,500명 가량 나타났다. 2월 20일에는 바깔라르(Bacalar)를 습격했다. 베난시오 뻭(Venancio Pec)은 20분 만에 이 마을을 점령했다. 300명가량의 남자와 250명가량의 여자와 어린이가 있었다. 그러나 탄약이 부족하여 항복하였기 때문에 전쟁은 멈추었다. 라디노 지휘관(oficial)들은 착(Chaac)으로 도망갔다. 거기서 벨리즈 사람들은 영국의 안전을 보장한다는 조건으로 그들에게 탄약을 주었다. 꼬로살에서는 한 장교가 2,500 뻬소를 주고 끄루스옵과 흥정을 하려했다. 그러나 그는 군인 위에 더 높은 권위가 있는 것을 알았다. '말하는 십자가'는 4,000뻬소를 내야한다고 했다.

한 무리를 분리하여, 한 명의 죄수와 그의 집행자, 그리고 35명의 여성들을 앞세우고 걸었다. 영국인들이 나타나서 막았다. 그러자 대학살이 시작되었다. 이 피에 젖은 대학살에서 살아남은 몇 명의 혼기에 있는 처녀들과 8명의 어린이들이 살아남았다. 7살 먹은 한 소녀가 숨어서 5일간 나무 뿌리를 먹으며 연명하다가 어느 날 밤, 강으로 도망쳤다. 온도(Hondo) 강은 강폭은 좁았다. 강 건너의 블레이크는 그들을 풀어달라고 했다. 뻭은 바깔라르의 사령관, 뻬르도모(Perdomo)라면 교환하겠다고 했다. 강 저쪽에는 "서쪽 인디아스'의 두 번째 연대 167명이 4월에 도착했다. 그리고 130명의 지역 경찰이 있었다. 피난한 라디노들을 그 지역의 경찰에 합류시키려고 했던 시도는 이루어지지 않았다. 꾸르스옵을 이끄는 십자가는 멍청이가 아니었다. 그들은 벨리즈의 영국인들이 적대적일 때 탄약을 구하기가 어려워질 것을 알았다. 끄루스옵은 벨리즈의 포로들을 돌려보내고 바깔라르로 돌아갔다. 그리고 상업은 재개되었고, 옛날처럼 정상화 되었다.

바깔라르에는 값이 나가는 것은 아무것도 남지 않았다. 모든 것은 찬 산따 끄루스로 옮겨졌고, 광장은 오로지 온도로 가는 상업용 길을 보호하기 위한 요새로 쓰였다. 이렇게 하여 온도에서 바깔라르로 가는 길을 열고, 바깔라르에서 북쪽으로는 산뚜아리오(santuario)에서, 남쪽으로는 바야돌리드(Valladolid)의 수비대와 전선을 마주하였다.

떼깍스와 바깔라르에서의 승리는 '말하는 십자가'가 명령한 것이었다. 그들은 제일 먼저 '십자가의 첫 집'[69]을 지었다. 신비스러운 분위기에서 마야사람들에게 계속 말을 하도록 처음에 십자가가 있었던 곳에는 기도소를 지었다. 돌로 집을 지어 세 벽면은 막고 서쪽으로만 문을 내어 동굴을 향하도록 했다. 거기에서 축제를 하였고, 죄를 지은 자들은 우두머리의 명령에 의하여 채찍질도 받았다.

정치는 아직 꼬여서 떼깍스와 바깔라르에서 잡힌 포로들에 대해서는 아무런 진전이 없었다. 바레라 주지사는, 깜뻬체와 유까딴의 분리 조약에 서명한 뻬라사 장군을 지지했다. 엘 까르멘(El Carmen), 깜뻬체, 시살에서는 유까딴 정부의 세금이 붙지 않은 채로 물건이 서래되었다. 이것을 좋아하지 않는 사람도 많았다. 바레라는 노예무역을 재개했고 뻬라사(Peraza)도 노예무역을 지지했다. 하바나에서의 사정은 더욱 나빠졌고, 마야사람과 라디노, 양쪽에서 반란이 이어졌다. 먼저 깜뻬체에서, 이어서 유까딴에서 일어났다. 그들은 뻬라사를 몰아내고 리보리오 이리고옌(Liborio Irigoyen)을 주지사로 원했다.

그 사이에 노예무역을 금지하였던 빠블로 까스떼야노(Pablo Castellano)가 얼마 유지하지 못하고 자리에서 물러나고, 이리고옌(Irigoyen)이 아세레또(Agustin Acereto) 대령의 지지를 업고 주지사의 자리에 올랐다. 그사이에 반란은 두 배로 늘었다. 이어서 그는 아버지 아세레또를 앉혔다. 두 아

---

69) 스페인어 원문 la Primera Residencia de la Cruz

세레또는 떼깍스(Tekax)와 바깔라르(Bacalar)에서의 패배에 대한 복수를 계획했다.

2,200명의 군인과 650명의 지역토호들이 1860년 1월 2일 아침에 전쟁에 나서기 전에 미사를 드리러 바야돌리드의 중앙광장에 모였다. 그들은 뻬드로 아세레또(Pedro Acereto)의 지휘를 따라 이틀 만에 띠호수꼬(Tihosuco)에 도달했다. 그리고 거기서부터 8일 만에 찬 산따 끄루스에 도착했다. 새로운 신전과, 채찍질하는 나무기둥, 목매는 나무가 보였다. 모든 것은 새롭고 잘 정비되어 있었으나 사람들은 없었다. 도시는 비어 있었다. 그들은 바깔라르로 전진하였다.

끄레센시오 뿌뜨(Crescencio Poot)는 바깔라르에서 사람들과 물자를 모았다. 그들은 이미 침략에 고통 받는 피난민이 아니라 자신들의 심장부가 위기에 처한 사회의 주축이었다. '십자가의 사람(끄루스옵)'들은 여러 마을에서 개별적으로 살았으나 전쟁에 나갈 때는 하나가 되었다. 그들은 매복하고 있다가 라디노가 나타나면 공격했다. 그것을 시작으로 사방에서 나타나서 라디노의 군대를 동시에 공격했다. 그들은 총알을 낭비하지 않았고, 시체를 넘어서 공격에 공격을 거듭했다. 그들은 확신에 차 있었다.

며칠 후 국경에서 들리는 소문을 들은 아세레또 주지사는 띠호수꼬의 수비를 튼튼히 하기 위해 지원군을 보내고 아들을 구하기 위해 아센시온만(Bahia de la Ascención)으로 탐사대를 보냈다. 그의 아들은 600명의 살아남은 군대와 함께 나타났다. 1,500명의 군인, 2,500정의 장총, 모든 대포와 수레, 300마리의 노새, 수없이 많은 탄약을 강탈당했고 군악대는 손도 못 써보고 자신들의 악기와 함께 끌려갔다. 그들 중의 몇몇은 이미 끄루스옵의 젊은 학생들에게 음악을 가르치고 있었다.

포로들을 노예로 파는 문제는 여전히 해결되지 않았다. 아세레또(Acereto) 주지사는 그의 군대를 만들기 위해 쿠바로부터 돈을 빌렸다. 그리하여 또 다시 큰 배가 노예들을 싣고 출발하였다. 승리를 기대하였으나, 그가 얻은 것은 북쪽의 평화로운 마야 마을들과 몇몇의 메스띠소 마을과의 계약이었다. 그러자 메리다의 부자들은 집안에서 일할 하녀가 부족하다고 불평을 하였고, 교회에서는 신자들이 부족하다고 했다. 결정적으로는 에네껜 농장에서 일손이 부족하다고 일어났다. 사건은 커졌다. 1861년 3월, 베니또 후아레스 대통령은 불법적인 노예거래를 조사할 특사를 보냈다. 5명의 주지사가 관계되고, 수많은 사람들이 연류가 되어 있었는데, 그 누구도 자세히 기억하지 못했고, 정확한 숫자를 제시하는 사람도 없었다. 1899년의 미국 공공 자료에 의하면 755명의 마야사람들이 노예로 팔려갔다. 사람들은 1,000명 이상이 갔다고 말했다. 메리다가 산업적으로 발전하여 일손이 필요해지자 마침내 노예무역이 끝났다. 38년 후에 노예 무역자에게 잡혀가다가 도망하여 습지에 숨어있던 남자를 한 사람 발견했다.

아세레또(Acereto)의 군대가 패하자, 라디노의 마야원주민 지역의 재정복 희망은 물거품이 되었다. 그 다음해에 엑뻬데스(Ekpedez), 사깔라(Sacala)에 대한 공격은 완전히 실패했다. 뿌뜨(Crescencio Poot)는 떼깍스에서의 속임수를 반복하여 꼬꼼의 땅을 지나 메리다로 향한 도로를 가다가 서쪽의 뚠까스(Tunkas)로 향했다. 군대의 무정부 상황으로 말미암아 그들의 움직임은 별로 주의를 끌지 못했다. 그들은 한 마을 전체 600명을 포로로 끌고 갔다. 일설에 의하면 치첸 이쯔아(Chichen Itza)에 있는 톰슨(Herbert Thompson)[70]의 장원까지 가서 노획물을 나누고, 포로들을 죽였다고 한다. 그 중에는 한 대령의 젊은 아내도 있었는데, 몇 년간을 바야돌리드에서 몸값을 치루기를 기다렸다. 그녀를 비롯하여 대부분은 노예생활을 견디지 못하여 몸값이 오는 것을 기다리지 못하고 죽었다.

---

70) 허버트 톰슨. 미국의 영사로, 마야유적지 치첸 이쯔아의 '성스러운 세노떼'를 발굴하고 있었다.

끄루스옵의 공격에 대항하여 라디노들은 국경을 분명하게 하고 경계를 했다. 그리고 사람이 살지 않는 동쪽 셀바를 원주민과 라디노의 세계의 중간 지역으로 유지했다. 전쟁이 지나가는 길에 있는 마을들은 버려졌다. 이츠물(Ichmul), 엑뻬데스(Ekpedez), 사반(Saban), 사깔라까(Sacalaca) 등 사람들이 많이 살았던 마을도 비웠다. 길에는 풀이 자랐다. 위엄이 있던 교회는 천정이 무너져 내리고, 어쩌다가 사냥꾼들이 기도를 하려고 멈춰 섰다. 교회 안의 성자들은 황무지의 파수대 같이 보였다. 살아남은 도시들도 더이상 발전하지 않으리라는 절망감에 사로잡혀 있었다. 뻬또(Peto)는 끄루스옵의 간헐적인 공격으로 황폐해지고 있었고, 띠호수꼬(Tihosuco)와 띠스까깔꾸뿔(Tixcacalcupul)에는 유까딴 군인들만 살았고, 바야돌리드(Valladolid)도 더 이상 '동방의 술탄'의 화려한 도시가 아니었다. 약스까바(Yaxcaba), 소뚜따(Sotuta), 떼깍스(Tekax), 뚠까스(Tunkas) 모두 공포에 싸여 안절부절못하고 있었다.

지난 3년 동안에 4,000명을 죽이거나 포로로 하면서. 셀 수도 없이 많은 장총과 다른 전리품들을 획득했다. '십자가의 사람(끄루스옵)'들은 자신들의 위치를 확고하기 위해 자신들에게 반대해 일어난 세력은 모두 진압히였다. 이전의 동료였던 치찬하, 메사뻬츠, 로츠하, 이스깐하의 마야 사람들도 예외는 아니었다. 자기들을 반대하는 이전의 동료들을 쳐부수고 벨리즈와는 상업의 길을 유지하면서 끄루스옵은 나라를 잘 유지하였다. 여기에는 십자가의 권위가 가장 중요한 역할을 하였다. 꾸르스옵의 지휘자는 십자가의 대리자로서 지위를 유지하였다.

한 예를 들어보면, 십자가는 영국인들에게 불평을 적고 뿍과 그의 3명의 우두머리에게 서명을 하라고 했다. 군인중의 1명이 비밀에 있는 곳에까지 그의 믿음을 확장할 수 없다고 거절했다. 그러자 십자가는 50대의 채찍을 때리라고 명령했다. 죄지은 자의 서명을 포함해서 이 편지는 전해졌다. 그러자 1861년 3월 14일, 영국인 주재관은 더 험악한 말을 붙여서 편지를 풀름리지(Plumridge)중위와 트위그(Twigge) 중위 편에 보냈다. 가는 길에 호세 마리아 뜨레호(Jose Maria Trejo)라고 하는 라디노를 통역으로 구했다. 그는 며칠 지나서 찬 *산따 끄루스 치꼬*(Chan Santa Cruz Chico)에서 뿍이 마체떼를 휘두르며 난동을 부리고 편지를 전하는 자는 죽이겠다고 말했다는 것을 알았다. 여러 사건 후 마침내 그들은 찬 산따 끄루스에 도착하여 뿍 앞으로 갔다. 뜨레호는 뿍에게 그들이 영국을 대표하여 마야의 '큰 어른'과 서로 다른 점을 의논하러 왔다고 하며 편지를 전했다. 뿍은 십자가의 말을 들어야한다고 했다. 그는 신은 오직 그가 말할 준비가 되어 있을 때만 말을 한다고 했다. 입맛이 쓴 두 영국인들은 칼도 그들의 복장의 일부라고 하며 그대로 차고 초막으로 갔다. 그들이 도착했을 때는 아침 8시, 하루 종일 우상 앞에서 인신공양을 하는 피에 굶주린 야만인들을 떠올려야 했다. 한밤중에 그들은 십자가의 신전에 불려가서 무릎을 꿇어야 했다. 십자가는 그들의 편지는 자신들을 모욕하고 있다면서 아주 화가 나서 어떤 종류의 평화로운 답변도 주지 않겠다고 했다. 장교들은 그들은 평화로이 편지를 전하러 왔으며 평화로운 답변을 원한다고 했다. 죽음을 당할것을 두려워한 뜨레호는 제멋대로 답을 했다. 그들은 평화와 상업을 위해 왔다고 했다. 게다가 6주안에 탄약을 준다고도 했다. 신과 두 중위사이의 잘못된 통역은 오랫동안 제대로 되지 않았다.

뿍은 사흘 동안 전령들과 잔치를 벌였다. 모두 술에 취해서 서로 끌어안고 쓰러지고, 노래를 불렀다. 그리고 빨리 탄약을 보내라고 하며 그들을 보냈다.

벨리즈의 주재관은 보고를 읽고 기겁을 했다. 나라 전체가 공포에 떨었다. 방어벽을 세우고 무역이 멈췄다. 라디노 상인들이 십자가사람들이 침공할 생각이 전혀 없다는 것을 발견할 때까지는 시간이 걸렸다. 오로지 무역의 길이 막힐까 걱정하던 뜨레호가 잘못 통역했다는 것이 밝혀지자 주재관은 뿍에게 다시 편지를 보냈다. 자신의 두 전달자에게 모욕을 입힌데 대한 설명을 요구하고 상업을 하기 위한 길은 허락한다는 편지를 보냈다. 브리티시 온두라스(Britis Hobduras)에는 누가 이 편지를 갖고 갔는지에 대한 기록이 없다. 뿍이 변명을 했는지에 대한 기록도 없다.

끄루스옵을 향한 다음 공격은 깜뻬체 출신의 구띠에레스 데 에스뜨라다(Jose Maria Gutierrez de Estrada)가 앞장섰다. 그는 멕시코의 황제[71]에게 맨 먼저 복종했다. 당시의 멕시코는 북쪽의 야끼(los yaqis)부족과 남쪽의 마야(los mayas)원주민들의 반란이 일어난 중에 프랑스와 미국의 침략을 당하여 국토의 거의 반을 빼앗긴 상황에 직면해 있었다.

프랑스의 군대가 깜뻬체에 정박했을 때에는 4년 동안에 8명의 주지사가 바뀌었고, 재정은 바닥이 나고, 군대는 거의 해체되었다. 길은 까스따 전쟁으로 인하여 아직도 여기저기에 바리케이트가 쳐져 있었다. 어땠거나, 1864년 1월 22일, 유까딴은 멕시코 제국의 한 부분이 되었다. 나바레떼(Navarrete)를 이어 이라레기(Jose Salazar Ilarregui)가 막시밀리아노가 임명한 새 주지사가 되었다. 3년 전에 후아레스 대통령이 유까딴의 문제가 무엇인지 조사하기 위하여 군대와 함께 편파적이지 않고 정직한 주지사를 보냈던 선례가 있었다. 그리하여 막시밀리아노도 지방의 세력과는 전혀 연관이 없는 공정한 인물, 이라레기(Ilarregui)를 보냈다.

당시의 국경은 다음과 같다. 남쪽 경계는 사령부 떼까스(Tekax), 남쪽으로 뻗은 까미노 레알(Camino Real)을 지켰다. 수비대는 뻬또(Peto), 조노첼(Dzonotchel), 이츠물(Ichmul), 띠호수꼬(Tihosuco)이고, 동쪽 경계의 사령부는 바야돌리드(Valladolid), 이를 지지하는 도시로 에스뻬따(Espita), 띠시민(Tizimin), 띠스까깔꾸뿔(Tixcacalcupaul)을 두었다. 바야돌리드와 까미노레알은 중앙(frente del Centro)에서부터 보호하였다. 사령부는 이사말(Izama), 모뚤(Motul)과 까깔첸(Cacalchen)이 지지하고, 뚠까스(Tunkas)와 치첸 이쯔

---

71) 1864년에서 1867년 사이에 멕시코에는 프랑스에서 온 막시밀리아노 황제가 집권하고 있었다.

아(Chichen Itza)까지 세력이 뻗쳤다. 그러나 마야사람들은 셀바 속에서 각각 섬처럼 살고 있어서 공격하여 점령한다고 해도 그들 중에 살아남은 자들은 셀바 속으로 피했다가 다시 마을에 살았다. 완전 점령은 거의 불가능했다.

이 해 겨울 11월 28일과 29일에 600명의 끄루스옵은 뻬또로 쳐들어가서 39명의 사람들을 죽였다. 동시에 끄루스옵은 그들을 지원하고 있었던 치찬하를 공격하였다. 치찬하의 마야사람들은 이까이체(Icaiche)로 도망갔고 거기서 온도강을 따라 이루어지는 벨리즈와 끄루스옵의 거래를 끊으려고 했다. 여기에 막시밀리아노 황제는 한 달에 60,000 명의 군사와 돈을 지원하겠다고 하며 끄루스옵의 나라를 평정하고자 나섰다. 갈바즈(Jose Maria Galvaz)는 바야돌리드로 사령부를 옮기고 1865년 5월 1일에 남동쪽의 셀바의 길을 열기위해 출발했다.

당시 찬 산따 끄루스에서는, 베난시오 뻑(Venancio Puc)이 투표에서 떨어지고 메스띠소인 사빠따 산또스(Dionisio Zapata Santos)가 새로운 지도자가 되어 있었다. 그는 바깔라르(Bacalar)를 버리고 유까딴과 협정을 맺으려 했으며, 백인 포로들에게도 온정을 나누려고 했다. 그러나 찬 산따 끄루스에서는 이와 같은 정치로는 아무도 오래 권력을 유지할 수가 없었다. 반란이 일어나고 그는 살해당했다. 끄레센시오 뿌뜨(Crescencio Poot)를 중심으로 새로운 우두머리들이 선출되었다. 중앙에, 베르나베 쩬(Bernabe Cen)과 그 때까지 살아있었던 보니파시오 노벨로(Bonifacio Novelo)는 계속 따띠츠(Tatich)로 머물렀다. 그들은 싸울 준비가 되어 있었다.

갈베스 장군 휘하의 깐똔 대령은 깜뽀꼴체(Kampocolche)근처를 공격했다가 실패했다. 그 사이에 11월 22일에 황비 까를로따(Maria Carlota Amalia)가 방문했다. 메리다에서 축제가 벌어졌다. 모든 종류의 계급 사람들이 다 모였다. 이라레기 주지사는 '십자가의 사람'들과 마야사람들도 황제의 이름으로 안전을 약속하며, 평화를 이루기 위해 오라고 초대했다. 몇몇은 정말로 축제에 갔다. 그러나 그들은 전혀 반란군의 대표가 되지 못했다. 그들 자신만을 대표할 뿐이었다. 그들은 평화롭게 돌아갔으나 가는 길에 마야 사람들의 습격을 받고 죽었다.

8월 14일, 깐똔 대령은 마하(Maja) 마을에서 다시 패했다. 나바레떼 장군은 띠호수꼬(Tihosuco)를 공격했다. 뜨라꼬니스 대령을 지휘했다. 공격에 성공한지 8일 만에 마침내 마야사람들은 포기하고 도망했다. 승리를 축하하기 위해 두 번의 열병식이 있었다. 그러나 띠호수꼬는 방어하기에 나빴다. 그들은 전선을 뻬또로 옮겼다.

그 사이에 사정이 바뀌어 막시밀리아노가 쫓겨나고[72] 베니또 후아레스(Benito Juarez) 대통령이 다시 권력을 잡았다. 메리다에서는 제국주의자와 공화주의자들이 싸움을 벌였다. 메리다 포위전은 55일 걸렸다. 집마다, 구역마다 싸워서 양쪽 다 500명 이상의 전사자가 나왔다. 게다가 후아레스에게 쫓긴 산따 아나가 시살에 모습을 나타내어 혼란을 더했다. 산따아나는 마르띤 뻬라사(Martin Peraza)에게 도움을 요청했으나 그는 후아레스에게 그를 돌려보냈다. 5월 15일에는 께레따로(Querretaro, Mexico)에서 막시밀리아노(Maximiliano) 황제가 사로잡혔다. 메리다에서는 나바레떼 장군이 패하고, 뜨라꼬니스(Traconis) 대령이 정권을 잡았다. 1867년 6월 15일에 협정이 체결되었다. 세빠다 뻬라사(Cepada Peraza)가 주지사가 되고 이라레기(Ilarregui) 전 주지사는 뉴욕으로 갔다. 나바레떼 장군, 깐똔(Canton)과 비야파나(Villafana) 대령은 하바나로 망명했다. 이들은 운이 좋았다. 깜뻬체에서는 제국주의자들은 다 사형을 당했다.

혼란 속에 멕시코정부의 대대적인 지원은 끊어지고 끄루스옵과 유까딴과의 전쟁은 다시 계속되었다.

---

72) 막시밀리아노 황제는 베니또 후에레스의 쿠테타에 밀려나 불과 3년 만에 황제의 직위에서 쫓겨나고 총살을 당했다.

## 5.5 끄루스옵과 주위의 나라들

  바레라는 '말하는 십자가'의 창시자로서 바야돌리드(Valladolid)에서 바깔라르(Bacalar)에 이르는 지역에서 영향력을 펼 수 있었다. 그러나 이 소리는 체네스 이하 남쪽까지 전해지지는 못했다. 바레라는 과테말라와 평화협정을 할 가능성이 있다고 생각하고 남쪽을 향했다. 가는 길에 포위된 바깔라르를 향해가던 옛 부관, 호세 마리아 축(Jose Maria Tzuc)을 만났다. 그에게서 상황을 듣고 과테말라와 협상하려는 생각을 버렸다.

  유까딴 정부는 끄루스옵이 치찬하를 통하여 과테말라(Guatemala)와 벨리즈(Belize)에서 무기를 구하는 것을 알게 되자, 가톨릭 사제들을 보내어 과테말라의 뻬뗀(Peten)주 및 벨리즈와 협상을 시도했었다. 두 번의 실패 후에 바께이로(Baqueiro) 대령은 세 번째로 공격을 감행하여 체네스 남쪽으로 과테말라로 가는 길을 열었다. 1851년 2월 말에 유까딴 정부는 바께이로를 뻬뗀의 주지사 모데스또 멘데스(Modesto Méndez)에게 보냈다. 끄루스옵의 위험성을 설명하고 치찬하를 완충지대로 하자는 것이었다. 멘데스는 성모상(Virgen Dolorosa)[73]을 가지고 가는 사제 한 사람을 데리고 반군들의 마을 치찬하(Chichanhá)에 도착했다. 사제와 성모의 보호만 믿고 온 그를 보고 마야 사람들은 놀랐다. 멘데스는 치찬하의 지도자 앙헬리노 이쯔아를 만났다. "멘데스는 끄루스옵이 강성해 가는 것을 걱정한다."고 했다.

  "끄루스옵은 하신또 빠뜨의 후계자인 바레라가 이끌고 있다. 그들은 곧 치찬하를 비롯한 마야원주민 전체를 포함하려고 할 것이다. 꾸루스옵은 근본적으로 반란군이기 때문에 유까딴 정부와 싸움을 멈추지 않을 것이다. 우리는 끄루스옵과 유까딴 및 과테말라 사이에 완충지대를 원한다. 대신 치찬하의 자주권을 보장하겠다."

---

73) 가톨릭의 성모는 포교한 지역에 맞는 성모상으로 나타낸다. 당시 과테말라 뻬뗀(Peten)의 성모는 '고통의 성모' 라는 뜻의 'Virgen Dolorosa' 였다.

"치찬하가 꾸루스옵에게 협조하지 않는다면 유까딴은 치찬하를 침범하지 않고 자주적으로 살도록 하겠다."는 보장은 전쟁을 그만두고 고향으로 돌아온 치찬하의 사람들로서도 나쁘지 않았다. 과테말라도 역시 끄루스옵 세력의 확장을 원하지 않았다. 모데스또 멘데스와 앙헬리노 이쯔아는 첫 번째 '평화 협약'74)을 맺었다.

1853년 9월, 이쯔아를 이어 지휘봉을 잡은 축은 벨리즈의 판쿠트(Fancourt) 의 중재로 유까딴 정부의 대표인 깐똔(Gregorio Cantón)과 평화 협정을 맺었다. 협정의 내용은 첫 번째 조약보다 좀 더 진전한 것으로, "치찬하가 끄루스옵을 대항하여 싸우고, 대신 유까딴은 그들의 무기 소유를 보장하고, 세금을 면제하는 것"이었다. 특히 유까딴이 원하는 것은 "벨리즈에서 찬산따 끄루스로 가는 무기와 탄약을 차단하는 것"이었다.

이로써 치찬하(Chichanhá), 이스깐하(Ixkanhá), 메사뻬치(Mesapich), 로츠하(Lochá)는 '남쪽의 평화로운 봉기자'75)라는 이름으로 불리게 되었고, 그들은 '대체적'으로 유까딴에 협조하였다. 그들은 유까딴의 지시를 따르는 것처럼 보였으나, 실제로는 자주적으로 살았다.

'동쪽의 무서운 봉기자76)'인 '끄루스옵'은 이 '협약'이 반란에 대한 배신이라고 생각했다. 바레라(Barrera)는 500명을 이끌고 치찬하를 공격하여 앙헬리노 이쯔아를 사로잡는 등, 여러 차례 공격을 하였다. 1857년 치찬하의 대부분의 주민들은(약 8000명) 끄루스옵에 밀려서 도망갔다.

이들 중에도 독립되어 사는 것을 지지하는 쪽과 벨리즈로 옮겨가서 평화 속에서 살고자 하는 쪽으로 두 그룹으로 나누어졌다. 약 3000여명은 벨

---

74) 스페인어 원문 Convenio de Paz
75) 스페인어 원문 Sublevados pacíficos del sur, 이들은 '남쪽의 평화주의자 (Los Pacíficos de Sur)'라고도 불렸다.
76) 스페인어 원문 Sublevados bravos del oriente.

리즈로 갔다. 나머지 중에서도 급진적인 무리는 '남쪽의 평화로운 봉기자'와 맞지 않았다. 이들은 마야의 오래된 거주지였던 산따 끌라라 데 이까이체(Sante Clara de Icaiché)로 옮겨갔다. 바로 과테말라, 벨리즈, 깜뻬체와의 국경과 마주하는 곳이었다.

유까딴주 정부나, 멕시코로부터 그들이 사는 땅에 대해 공식적인 인정을 받은 적이 없고, 벨리즈 정부와는 항상 반복하였던 이까이체는 1860년경에 약 1000여명이 모인 마을을 이루었다. 마을의 중심에 벨리즈, 깜뻬체, 뻬뗀, 메리다와 정치 및 상업적인 연결망을 갖고 있었다. 이까이체 주민의 대부분은 원래 끄루스옵이었다. '남쪽의 평화주의자들' 및 이까이체가 끄루스옵과 불화하게 된 데에는 벨리즈와의 관계도 문제가 되었다. 벨리즈 사람들은 이들이 살고 있는 곳에서 띤떼(물감) 나무와 까오바 나무를 잘라 생활을 하여 왔다. 벌목비를 내기로 합의하였으나 벨리즈 사람들은 충실하게 지키지 않았다. 결국은 1856년 8월 치찬하의 루시아노 축(Luciano Zuc)이 이끄는 치찬하의 사람들은 벨리즈 땅을 침공하여 블루 크릭(Blue Creek)에 있는 회사를 점령했다. 이후 치찬하와 벨리즈의 영국인들의 싸움은 계속된 반면에 끄루스옵은 전쟁을 수행할 무기를 사기위해 벨리즈와 동맹을 유지해야 했다.

이것이 바레라가 도착했을 때의 상황이었다. 과테말라가 원하는 협정은 과테말라와 동맹이 아니라 유까딴 반도의 평정 즉 끄루스옵의 평화로의 '귀순'이었다. 아무리 조건이 자비롭다 하여도 항복은 할 것이 아니었다. 사제들을 반도들 사이에 보내고, 추기경의 축복을 보내며 선출을 조장하고 있었다. 이것은 세 십자가를 주머니에 넣고 신의 길을 희구하는 자에게 맞는 것이 아니었다. 바레라는 회의를 그만두고 멘데스 대령을 찬 산따 끄루스에 초대했다. 주위의 환경을 보고 대령도 받아들이지 않을 것에 공감

했다. 그 대신에 치찬하(Chichanhá)에서 서명한 것을 유까딴에 직접 보내고, 평화의 축제에 참석하고 그는 건강하게 무사히 집으로 갔다. 그래도 그는 어떤 유까딴 사람보다 성과를 거두었다. 바레라는 한 달 후에 500명을 거느리고 치찬하(Chichanhá)에 도착하여 마을을 불태우고 포로들과 그 우두머리들을 찬 산따 끄루스로 데려갔다. 이것으로 협정은 끝이 나고 양쪽 사람이 살아있는 동안 계속되는 전쟁이 시작되었다.

끄루스옵이 볼 때에 이들은 배반자였다. 그리고 유까딴 정부가 자신들은 공격하고자 할 때 길을 빌려주는 자이기도 했다. 따라서 끄루스옵은 수시로 이들을 공격하였다. 1860년 2월, 끄루스옵은 치찬하를 세 번째로 공격했다. 광장을 점령하고 여자와 아이들은 바깔라르로 잡아갔다. 유까딴에 빼앗겼던 바깔라르를 끄루스옵이 다시 점령했기 때문에 치찬하는 유까딴의 비호를 받지 못했다. 로츠하(Lochha)와 메사삐츠(Mesapich)도 1862년 12월의 끄루스옵의 공격을 받았다. 그러나 1864년에는 스깐하(Xkcanha)가 유까딴 정부의 비호를 받으며 들고 일어났다. 1868년에는 '남쪽의 평화로운 봉기자들'의 사령부를 스깐하(Xkanhá)로 옮기고 말았다.

다른 한편, 벨리즈와 가장 적대적인 관계를 유지한 쪽은 이까이체였다. 이까이체로 사람들을 이끌고 왔던 축이 1864년 12월에 죽자 마르꼬스 까눌(Marcos Canul)이 수장이 되었다. 그는 벨리즈에 있는 영국회사의 나무꾼으로 일하였고, 살해자로 그 쪽의 법정에 선 적도 있었다. 1866년 4월 27일, 125명의 남자를 앞세우고 쿠아름 힐(Qualm Hill)을 공격하여 두 명의 식민자(colono)를 죽이고 79명(여자 14명 어린이 8명 포함)을 이까이체로 포로로 끌고 갔다. 그리고 막시밀리아노 치하의 새 법을 증거로 제시하면서77) 그들의 몸값으로 12,000 불을 요구했다. 온도 강의 왼쪽은 그들에

---

77) 1864년 막시밀리아노 정부가 들어서자 벨리즈의 살스톤(Sarstoon)강과, 과테말라의 뻬뗀(Peten)까지 유까딴에

게 속하니 지난 8년 동안의 사용료를 내라는 것이었다. 두 달 후, 파견단이 이까이체로 가서 인질들은 구하고 까눌과 협상하여 사용료를 줄였다. 이는 온도 강 서쪽이 유까딴의 땅이라는 것을 인정한 것으로 볼 수 있다. 그리고 1866년 말, 이까이체는 다시 벨리즈의 땅으로 쳐들어가 1867년 1월 인디안 교회를 점령하고 편지를 남겼는데, 국경 마을의 사용료뿐만이 아니라, 원래 유까딴의 땅에 속했던 오렌지 워크, 꼬로살, 그리고 벨리즈까지 포함하였다. 일 년에 19,000 뻬소를 요구하였다. 이번에는 2월에 할리(Harley) 대령이 지휘하는 서인도(Indias Occidentales)분대가 공격하는 것으로 답을 하였다. 이후 한동안 서로의 공격이 뜸하였지만, 1872년 9월, 까눌은 다시 오렌지 워크를 공격하였다. 영국과 미국 군인들이 광장을 빙어하고 있었다. 까눌은 부상을 입었고 얼마 후에 죽었다. 그를 이은 라파엘 찬(Rafael Chan)도 1875년과 1879년에 온도 강을 넘어 벨리즈를 공격하였다.

끄루스옵은 벨리즈와의 관계가 달랐다. 벨리즈는 전쟁의 유일한 후원자였다. 물론 돈을 주고 사는 것이지만, 벨리즈를 통하여 유까딴 정부와 싸울 무기와 탄약을 얻었다. 끄루스옵에게는 역사적으로 그 땅이 유까딴에 속하는 지 여부는 문제가 되지 않았다. 어차피 유까딴 반도 전체가 마야원 주민들이 사는 곳이고, 스페인도 영국도 권리가 없는 것은 마찬가지였다. 끄루스옵의 적은 유까딴 정부이지만, 벨리즈와 동맹관계에 있었으므로 이까이체와 전투를 피할 수 없었다.

이까이체(Icaiche)에서는 바땁 루시아노 축(Luciano Zuc)이 1864년 12월에 죽자 마르꼬스 까눌(Marcos Canul)이 뒤를 이었다. 그는 치찬하에서 이까이체로 옮겨 온 사람이었다. 그는 영국인들에게 계속 나무에 대해 세금을 붙이려고 했다. 1866년 5월, 그는 영국령 온두라스의 쿠알름힐(Qualam Hill)을 습격하여 2명을 죽이고 79명을 포로로 데려갔다. 그 무렵 벨리즈의

속한다고 선언하였다.

서쪽 셀바는 끄루스옵에 진 이후에 도망한 마야사람들이 세운 마을이 많았는데, 대표적인 것이 산 뻬드로(San Pedro)이다. 산 뻬드로(San Pedro)의 아센시온 엑(Ascencion Ek)과 마르꼬스 까눌(Marcos Canul)은 벨리즈시티(Belice City)까지 공격했다. 마침내 카미카엘은 찬 산따 끄루스의 노벨로에게 협력을 요청했다. 1867년 10월 30일의 편지에 의하면, 노벨로는 벨리즈의 책임자에게 이까이체로 가는 길을 막고, 적어도 경종을 울리고, 까눌을 벨리즈까지 쫓아가는 것을 허락해달라는 편지를 썼다. 물론 까눌을 잡으면 책임자에게 보내기로 약속하였다.

1870년 4월 18일 까눌과 116명의 남자들은 꼬로살(Corozal)을 점령하고 "멕시코 만세"를 외쳤다. 꼬로살에는 피난자, 라디노, 마야사람들이 약 5,000명 살고 있었는데, 그 누구도 싸울 의지도 힘도 없었다.

1872년 9월 1일, 까눌이 다시 온도강(Rio Hondo)를 건너 다시 침입했을 때에는 끄루스옵은 준비되어 있었다. 끄루스옵은 벨리즈를 도와 이까이체를 상대로 싸웠다. 까눌은 간신히 온도강을 다시 건널 수 있었고, 그의 후계자 라파엘 찬(Rafael Chan)은 벨리즈에서 영국여왕을 대리하는 책임자 앞으로 용서를 구하는 편지를 썼다.

1867년에 카미카엘(Carmichael)은 찬 산따 끄루스에게 중국인 이민자들을 잡아달라는 부탁을 하였다. 1866년 6월에 480명의 중국인들을 실은 배가 벨리즈로 왔다. 그러나 사는 환경도 나쁘고, 쌀도 없는 것을 안 중국인들은 북쪽으로 도망쳤다. 그들의 운은 별로 좋지 않았다. 그들은 찬 산따 끄루스의 노벨로에게 붙잡혔다. 그는 포로들을 카미카엘에게 인도하기를 거절하고 그들을 노예로 삼아 서로 나누어 가졌다. 중국인 이민자들의 대부분은 나이가 많았다. 셀바에 살게 되어 마야사람들과 결혼했다. 그러나 4명은 메리다까지 도망쳐서 거기서 세탁소를 열었다. 끄루스옵의 사람들 중에도 십자가의 지휘자가 요구하는 것이 지나치다고 생각하는 사람들이 있었다. 그들은 온도강을 건너 남쪽으로 도망쳤다. 그들은 빠츠 차깐(Pach

Chakan)에서 살았다. 다른 사람들은 꼬로살(Corozal) 근처의 여러 마을에 살았고. 약 만 명 정도의 마야사람들이 있었다. 1860년경부터 끄루스옵은 사람을 보내어 이들 도망자들을 잡으려고 했다. 그들은 영국인들이 나무를 자르는 것에 대해 수입세를 붙이려고 했다.

이까이체(Icaiché)에은 치찬하(Chichanha)에서 온 피난자들로 이루어진 1,700명의 주민과 150명의 게릴라가 살고 있었다.

찬 산따 구르스(Chan Santa Cruz) 외에 이스깐하(Ixcanha)가 다음으로 컸다. 이 마을에는 메스띠소인 아라나(Arana)가 바땁이었는데, 그를 이어 동생이 바땁이 되었다. 주로 라디노(ladino)들이 살고 있었지만 그들은 반란군들에 대해서 적대적은 아니었다. 그들은 반도 동쪽에 사는 우이떼(los huites) 부족의 지지를 받고 유지했다.


한편, 끄루스옵과 유까딴 정부군 사이의 전투는 지지부진했다. 전선은 여전히 북부 중앙의 뻬또와 조노첼에서 이루어졌다. 그리고 협정을 맺고 평화롭게 전쟁을 종결하고자하는 시도도 여러 번 있었다. 그 첫 시도는 1865년 2월에는 평화협정을 맺고자 한 것이었다. 갈베스(José María Gálvez)장군이 시살 항구에서 한 연대를 이끌고 찬 산따 끄루스를 향했다. 그는 바야돌리드에 사령부를 세우고 멘데스(Juan José Méndez)대령과 시에라(Manuel Sierra O'Relly) 신부와 함께 벨리즈로 가서 반란군들과 평화협정을 맺으려고 하였다. 그러나 그사이에 끄루스옵의 지도자가 바뀌어서 협정은 무산되었다. 두 번째로 1865년 11월에 까를로따 여황이 찬 산따 끄루스를 방문했지만 역시 성과는 없었다. 협상이 결렬되자 유까딴은 멕시코정부와 연합하여 직접 끄루스옵의 본부를 치고자 하였다. 1866년 7월, 뜨라꼬니스(Daniel Traconis) 대령이 찬 산따 꾸루스로 들어가는 입구인 띠호수꼬로 가서 끄루스옵과 맞붙었다. 그러나 복병 작전에 말려 200여 명의 군사를 잃고 띠호수꼬에 고립되었다. 2개월 후, 끄루스옵이 다시 공격했으나 광장을 점령하지 못하고 포위를 풀었다. 뜨라꼬니스는 메리다로 돌아갈 수 있었으나, 전선은 다시 바야돌리드 근처의 뻬또로 돌아갔다.

마지막으로 협정을 하고자 한 시도는 1876년 11월, 디아스(Porfirio Diaz)가 대통령으로 당선된 후이다. 대통령의 허가를 받은 뜨라꼬니스 대령은 1884년 1월, 벨리즈의 꼬로살(Corozal)에서 끄레센시오 뿌뜨(José Crescencio Poot)와 후안 축(Juan Chuc)을 만나서 협약서를 작성하였다. 양쪽은 서명을 하고 유까딴의 비준을 기다리기로 했다. 그러나 술에 취한 뜨라꼬니스 측의 장교가 끄루스옵의 외교단을 습격했다. 협정은 파기되었다. 이것이 유까딴과 끄루스옵 사이에 있었던 마지막 협정이었다.

1885년 8월, 뿌뜨와 축이 안또니오 줄(Antonio Dzul)에게 살해되었다. 줄은 협정에 반대하고. 다음 해 2월, 줄은 500여 명의 끄루스옵을 이끌고 띠스우아라뚠(Tixhualatún)과, 조노첼(Dzonotchel)을 공격하였다. 유까딴 정부와 끄루스옵과의 싸움은 끝이 없는 듯이 보였다. 그러나 유까딴은 멕시코로부터 계속 물자를 지원받고 있었지만 꾸르스옵의 식량과 무기는 점점 고갈되어 갔다. 1887년 1월이 되자, 아니센또 줄(Aniceto Dzul)이 찬 산따 끄루스를 영연방제국에 포함할 것을 제안했을 정도로 끄루스옵은 약화되어가고 있었다.

그사이에 메리다에서는 '유까딴 애국회'78)를 만들고 끄루스옵에 대한 전면적인 전쟁을 선포했다. 그런데, 그들이 한 첫 번째 일은 꾸루스옵에 포로로 되어있는 자들의 몸값을 모으는 것이었다. 13명 남자와 44명의 여자를 포함한 57명이었다. 그들은 전면전을 선포하면서도 전쟁 외의 방법을 찾고 있었던 것이다. 1892년 7월에 끄루스옵과 싸운 모든 사람들에게 표창을 하고, 동시에 유까딴과 찬 산따 끄루스 사이의 경계지대에 사는 사

---

78) 스페인어 원문 la Sociedad Patriótica Yucateca.

람들에게 길을 열어주고, 시와 주의 세를 면제해주었다. 1893년 이후 벨리즈는 끄루스옵에게 더 이상 무기를 팔지 않았다. 유까딴과의 사이의 셀바 지대에 있는 마을은 모두 끄루스옵과 맞섰다. 유까딴은 마침내 찬 산따 끄루스의 고립을 이끌어낸 것이었다.

## 5.6 까스따 전쟁의 종결

1895년 1월, 멕시코 중앙의 지지를 받고, 유까딴 정부는 꾸르스옵을 전멸시킬 마지막 전쟁을 하기 위한 예산 확보를 위하여 투표를 하였고, 지지를 얻었다. 전쟁을 매우 중요하게 생각하는 흥미로운 부분이다. 이때에 전쟁의 경계선은 아직도 반도 북부의 조노첼(Dzonochel)이었다. 유까딴 정부는 통화선을 깔고, 도로를 닦고, 마을을 하나씩 살피며 가는 등 신중하게 찬 산따 꾸르스로 접근하였다. 유까딴 정부는 그들의 움직임을 일일이 대통령에게 보고하고 있었나.

1893년 3월에는 공병대가 도착하여, 교통을 위해 숲을 자르고 길을 내었다. 로렌소 가르시아 장군은 조노첼, 이츠물, 사깔라까, 띠호수꼬, 즉 중간지대의 셀바에 버려진 마을들에 요새를 세우고 제 6연대, 22 소대, 세 개의 국경 수비대의 도움을 받아 뻬또와 조노첼을 연결하는 전화망을 1895년 11월 4일에 개설했다. 1898년 12월, 마침내 군대가 움직였다. 그러나, 해군 함대는 1899년 10월에야 메리다 북서부 항구 쁘로그레소(Progreso)에서 출발했다. 할리스꼬 출신의 브라보(Ignacio A. Bravo) 장군이 사령관이었다.

마야원주민들은 상당히 약화되어 있었다. 연방정부 군대가 남쪽과 서쪽을 막고 있었고, 벨리즈의 동맹과는 고립되어 있었다.

브라보는 시간을 잃어버리지 않기 위해 빠르게 작전을 시작했다. 오르띠스(Angel Ortiz Monasterio) 장군이 꼬수멜(Cozumel)에서부터 끌고 온 포병대인 '독립과 사라고사' (Independencia y Zaragoza)와 같이 작전을 했다. 그는 같은 해 10월, 체뚜말(Chetumal)에 정박했다. 지붕을 씌운 야영장을 세우고. 몇 달 후에는 스깔락(Xcalak) 항구를 건설했다.

얼마 후, 베라꾸르스에 있는 여러 연대의 지휘관인 데 라 베가(José María de la Vega) 장군에게로 지휘권이 바뀌었다. 그는 1901년 3월, 온도 강 어귀에 정박했다. 착(Chaac)의 초원지대를 건너 3월 말 바깔라르(Bacalar)로 들어 갔다. 그곳은 이미 아무도 없었다. 그는 아센시온만(Bahía de la Ascensión)까지 가서 "베가 장군" 야영장을 세웠다.

브라보 장군은 유까딴 정부로부터 전쟁비용으로 30만 뻬소를 받았다. 1900년 4월, 그의 군대가 오꼽(Okop)에서 감시하는 것으로 시작했다. 그는 진전상황을 디아스(Porfirio Diaz) 대통령과 "전쟁과 해양성"의 비서인 레이에스(Bernardo Reyes)장군에게 수시로 보고했다. 군대는 보급품, 말라리아, 내부 마찰 등의 많은 문제가 있었다고 보고하고 있다.

1900년 10월, 브라보는 남동쪽을 향해갔다. 사반까지 철로를 놓고 있었다. 가는 길에는 삼각형의 축성과 역을 세웠다. 꾸르스옵과 직접적인 전쟁은 없었지만, 그들이 아직 셀바에 머물러 있는 것은 알수 있었나. 가끔 복병을 만났고, 우물은 메워져 있었으며, 상당한 지역이 다 타 있기도 했기 때문이었다.

1901년 1월, 브라보는 노흐뽑(Nohpop)에 다다랐다. 찬 산따 꾸르스에서 약 23km 떨어진 지점이었다. 거기서 마침내 꾸르스옵과 작은 전투가 있었다. 브라보는 성소를 치려고 서두르지 않았다. 그는 사박체(Sabacche)와 찬 끽(Chankik) 등 주위의 마을을 요새화했다.

4월 중순, 한 마부가 잃어버린 노새를 찾아 헤매다가 몇 개의 건물이 버려져 있는 것을 보았다. 연방군대는 찬 산따 꾸르스가 버려져 있는 것을 알았다. 1901년 5월 3일, 산따 꾸르스의 날에 브라보는 아무 저항 없이 성소에 들어섰다.

연방군대가 찬 산따 꾸르스를 점령했다는 소식은 재빠르게 퍼져 나갔다. 이 소식은 다음 날 '디아리오 데 유까딴(Diario de Yucatan)' 신문에 나왔다. 디아스(Porfirio Diaz) 대통령은 유까딴 주지사 깐똔에게 축하하는 편지를 썼다. 6월 중순 깐똔은 찬 산따 꾸르스로 브라보를 축하하러 갔다. 성소에서 맨 먼저 사진을 찍고 깐똔은 동쪽 지대를 식민하겠다고 선언했다. 찬 산따 꾸르스는 산따 꾸르스 데 브라보[79]로, 바깔라르는 바깔라르 데 세띠나[80]로 개명되었다.

남은 일은 라 베가 장군이 맡았다. 그의 작전은 1902년 3월에 끝났다. 3년 후, 1904년 6월 1일, 공시적으로 마야 반란군과의 전쟁의 종식을 선언했다. 그리고 디아스 대통령은 마지막 반란을 진압한 공로로 훈장을 받았다.

그림 38. 찬 산따 꾸르스의 함락(1902년). 바야돌리드 박물관 소재

79) 현재는 까릴요 뿌에르또(Carillo Puerto)이다.
80) 현재는 바깔라르(Bacalar)이다.

제6장
까스따 전쟁을
돌아보며

유까딴의 까스따 전쟁은 스페인으로부터 독립 후에 일어난 큰 사건이다. 54년이라는 긴 시간을 지속하였을 뿐만이 아니라, 상대적으로 짧은 기간(1847~1854) 동안이지만 아주 폭력적인 시기와 십자가의 사람들(Cruzob)이 이끄는 시기(1855~1901)의 아주 대조적인 기간 등 여러 점에서 주목을 끈다. 제목이 의미하는 바와 같이 까스따, 즉 계급 간의 갈등과 그 결과로 나온 폭력성 또는 십자가의 사람들의 독특한 현상은 가장 연구자들의 주목을 끌어 왔다. 그러나 여기에는 식민지 시절의 문제, 독립 당시의 전쟁 상황, 마야 사람들 내부의 분열, 벨리즈와 과테말라, 미국의 간섭 등 독립을 전후한 나라 내외의 사성도 복잡하게 연결되어 있다. 무엇보다도 이 전쟁은 라디노(ladino)와 마야 원주민과의 전쟁이다. 그들의 갈등으로부터 이 사건을 정리하여 보자.

### - 라디노, 마야 원주민 그리고 메스띠소

이 전쟁은 사회 계층이 다른 사람들이 서로 한편이 되어 싸웠다. '라디노(Ladino)'라고 불린 지배계층의 대부분은 스페인계 백인으로 아메리카에서 태어난 끄리오요(Criollo)들이다. 그리고 스페인에서 온 뻬닌술라르(Peninsular)[81]가 포함된다. 이들은 1521년 스페인 사람들이 현재의 멕시코 시티에 있던 아스떼까제국을 멸망시킨 이후부터 아메리카 대륙의 지배자

---

81) 반도를 의미하는 뻬닌술라(peninsula)는 스페인이 있는 이베리아 반도를 의미한다. 즉 뻬닌술라르(penisular)는 '(이베리아)반도의 사람'이라는 의미이다.

로 나타났다. 이들에게 스스로 갖고 있던 모든 권리를 빼앗긴 사람들이 바로 그 땅에 살고 있던 원주민들이다. 유까딴 반도에는 마야 사람들이 살고 있었다. 스페인 사람들은 마야 원주민들이 갖고 있던 모든 권리를 빼앗아야 했으므로 그들을 사회에서 가장 핍박받는 위치에 두었다. 마야 원주민들은 그들을 '줄(Dzul)', 마야어로 '외국인'이라고 불렀다. 라디노들은 마야 사람들을 '인디오(Indio)'[82)라고 불렀다. 이미 잘 알려진 바와 같이 아메리카를 침입할 당시에 아메리카를 인도로 잘못 알았기 때문에 그곳에 사는 사람들을 인도사람이라는 의미로 '인디오'라고 마야사람들을 불렀다. 이 두 말은 원주민이나 라디노나 서로를 인정하지 않는 마음을 보여준다. 애매한 입장에 있는 사람들이 현재 아메리카의 대다수 인구를 이루는 혼혈인 메스띠소이다. 그들은 대체로 백인 아버지와 원주민 어머니의 혼혈이다. 그들은 백인들이 볼 때에는 원주민과 다를 바 없다. 그러나 원주민들은 그들을 백인들 측의 사람으로 본다. 그래서 라디노라고 불린 사람들이 메스띠소인 경우가 많다. 그러나 메스띠소를 '외국인'이라고 부르지는 않는다. 메스띠소는 백인의 계급으로 올라간 적이 없다. 그렇지만 마야원주민들과 함께 있어도 그들을 지배하는 위치에 있지 못하였다. 그들은 원주민이 아니기 때문에 원주민 지도자가 지닌 권위를 갖지 못했기 때문이었다. 원주민과 메스띠소는 '자연인'이란 뜻으로 '나띠보(nativo)'라고도 자주 불린다. '나띠보'는 언어로는 '토착인'이란 뜻이 강한데, 백인계 사람들이 이 말을 쓸 때에는 문명의 상징인 '교육을 받지 않은'이란 의미를 내포하고 있다. 원주민 또는 메스띠소는 교육을 받지 못한 야만인이라는 뜻이다. 실제로 까스따 전쟁 보고서에는 라디노들이 마야 원주민들과의 전투에서 이겨서 한 도시를 다시 점령하면 "문명이 다시 왔다"라는 표현을 썼다. 원주민이 점령하고 있는 곳은 '야만적인 곳'인 셈이다.

---

82) '원주민'이란 뜻의 스페인어는 인디헤나(indigena)이다. 스페인 정복자들도 후일 마야사람들이 '인디오'가 아니라는 것을 알았으나 원주민을 무시하는 의미로 계속 사용하였다고 생각한다. 왜냐면 까스따전쟁중에 라디노에게 협력하는 마야사람들은 '인디헤나'하고 부르고 반란군들은 '인디오'라고 불렀기 때문이다.

－세띠나(Cetina), 바르바차노(Barbachano), 멘데스(Mendéz), 뜨루헤께(Trujeque)

전쟁을 시작한 것은 라디노인 세띠나 대령이 그의 상관인 미겔 바르바차노(Miguel Barbachano)를 위하여 뜨루헤께(Antonio Trujeque)를 밀어내기 위한 것이었다. 이를 위하여 그는 마야 원주민과 메스띠소를 합류시켰다. 각 마을의 마야 지도자들은 모여서 의논하고 전쟁에 참여하기로 하였는데, 엉뚱하게도 이들의 모임을 반란을 계획하고 있는 것으로 본 뜨루헤께 측의 로사도 대령은 마야의 바땁 한 사람인 아이(Manuel Antonio Ay)를 처형하였다. 아이의 처형과 함께 쫓긴 다른 마야 바땁들은 라디노들을 공격했다. 이로써 계급전쟁은 시작했다. 그러나 전쟁을 시작하는 원인을 제공한 세띠나는 움직이지 않았다.

독립과 함께 1823년 당시의 멕시코 황제(자칭) 이뚜르비데(Iturbide)는 스페인에게 선전포고를 하고 스페인과의 무역을 중단하였다. 이에 따라 유까딴에는 두 개의 정치 세력이 형성되었다. 자유주의자와 보수주의자였는데, 자유주의자들은 쿠바를 비롯한 스페인 식민지역들과 벨리즈 등과 무역을 하기 원했고, 보수주의자들은 멕시코 정부와 무역을 하기를 원했다. 따라서 자유주의자는 유까딴 반도가 멕시코 정부에서 독립하기를 원하는 연방주의자로, 보수주의자는 멕시코 정부에 속하기를 원하는 중앙집권주의자로 발전되었다. 그러나 멕시코 정부는 혼란 상황83)에 미국과 전쟁84)을 하고 있었으므로 상황에 따라 각각의 정치세력에 속한 사람들은 수시로 바뀌었다. 세띠나와 바르바차노는 독립 직후 1823년 연방주의자였다. 뜨루헤께는 중앙집권주의자였다. 멘데스는 바르바차노와 함께 연방주의자였지만 바르바차노가 원주민과 연합하자 태도를 바꾸어서 멕시코 중앙정부를 지지하였다. 바르바차노의 행동은 상당히 이중적이었다. 그는 하신또 빠뜨(Jacinto Pat)를 비롯한 마야 원주민들의 지도자인 바땁(batab)

---

83) 1821년의 독립 후 30여 년간 20명 이상의 대통령이 바뀌었다.

84) 산따아나가 이끌었던 텍사스와 멕시코의 전쟁.

들과 친밀한 관계를 맺고 있었다. 빠뜨와 치(Cecilio Chi)는 공공연히 바르바차노를 지지한다고 했다. 그리고 1848년 세실리오 치가 이끄는 마야군과 유까딴 정부군이 처음 협정을 맺었을 때도, 빠뜨가 추까깝(Tzucacab)에서 평화를 위한 협정을 맺었을 때도 이들은 바르바차노가 평생 주지사가 되는 조건을 내밀었다. 그들은 바르바차노만이 원주민과의 약속을 지킬 것이라고 믿었던 것이다. 바르바차노는 개인적으로 하신또 빠뜨와 친밀한 관계이기도 했다. 물론 빠뜨는 마야어와 스페인어를 모두 잘하였으며, 백인을 적으로 대하지도 않았고 교양이 있는 사람이었지만, 그는 식민지 사회의 가장 아래층인 마야 원주민이었음에도 불구하고 서로 인정하고 있었다. 그리고 밀려난 마야 원주민이 세운 찬산따끄루스(Chan Santa Cruz)를 유까딴 정부군이 공격했을 때에도 당시의 지도자였던 바레라(José María Barrera)는 바르바차노에게 그들의 약탈을 호소하며 강탈한 물건을 돌려달라고 하였다. 물론 그 편지에 답을 했다는 기록도 없지만 반란군은 그때까지도 그를 믿고 있었다는 것을 보여 준다.

그러나 바르바차노는 원주민들이 믿는만큼 원주민의 입장을 지지하고 있지 않았다. 1847년 1월에 뜨루헤께가 바야돌리드를 공격했을 때 잉뚱하게도 백인들이 마야 원주민들에게 광범위하게 학살을 당하자 바로 뜨루헤께의 상관인 도밍고 바레뜨에게 편지를 보내며, 뜨루헤께를 비난하기보다는 '백인의 학살'에 초점을 맞추어 '원주민' 대 '백인'의 인종전쟁 가능성이 있다고 하며 백인들이 힘을 모아야 하며 까스따전쟁을 '반원주민 전쟁'으로 몰아간 장본인이었다. 또한 바르바차노는 마야 원주민을 쿠바에 파는 것을 시작한 주지사였고, 원주민을 파는 것은 1861년 베니또 후아레스(Benito Juarez) 대통령이 금지할 때까지 10년 이상 계속하여서 그 돈으로 까스따 전쟁을 수행했었다. 그가 원주민의 인권을 존중한 것이 아니라는 것은 분명하다. 그렇지만 그가 '원주민의 세력'을 인정하고 평화를 시도했었던 것도 사실이다. 그가 계속 주지사로 있으며 1848년의 두 협정이 깨어

지지 않았었다면 마야 원주민들에게도 결과적으로 훨씬 좋았을 것이다.

**- 그렇다면 마야 원주민들은 왜 바르바차노를 지지한다거나, 세띠나의 부름에 응하여 라디노의 정치적 싸움에 끼어들게 되었을까?**

권력을 장악하기 위한 싸움을 시작하면서 이들 소수의 라디노들은 다수의 원주민들을 불렀다. 그들이 내건 조건은 종교세 및 개인부역의 감면이었다. 유까딴 반도에서는 1812~1814년 사이에 스페인 왕정이 모든 세금을 없앤 적이 있었다. 1812년의 헌법에는 "모든 공물(tributo)과 종교세(obvención), 의무적인 개인 부역(85)을 폐지한다. 모두가 시민이며 무니시빨(municipal)86)을 만들 수 있다"는 조항이 있다. 이 조항은 식민지 경제를 위해서는 재난이었다. 종교세가 없으면 사제들은 먹고 살수 있는 수입이 없었다. 개인 부역을 없애면 물감 나무, 소금, 설탕을 생산할 일꾼이 없다는 것을 의미했다. 그리하여 독립이 되자 다시 원주민들은 매년 종교세87)를 내고 세례, 결혼, 심방 등 온갖 교회의 서비스에 요금을 내었다. 그들은 또한 시민세를 내었다. 그리고 개인적인 부역을 완수해야 했다 - 예를 들어 메뚜기를 죽이기 위해 물레방아를 돌리는 일. 나중에는 군대를 위해서도 일했다. 정치적 혼란으로 유까딴 정부의 재정이 더욱 나빠지자 원주민들은 자신의 옥수수 밭을 갈기 위해 임대료를 내야 했다. 심지어는 마을 공동소유의 땅을 공식적으로 측정하기 위해 보조금을 내야 했다. 교회와 국가는 가난한 원주민 농부가 태어나면 그의 발걸음마다 세금을 거두는 지경이었다. 따라서 1814년 이후 마야 원주민들은 세금의 감면 또는 철회를 바랐고, 라디노들은 이를 이용하여 원주민들을 전쟁에 끌어들일 수가 있었다. 연방주의자도 중앙집권주의자도 같은 조건을 내밀었다. 원주민들은 연방

---

85) 원어는 servicio personal obligatorio.

86) 큰 단위로는 주 전체를 몇 부분으로 나누는 단위로 썼다. 유까딴에는 4개의 '무니시빨'이 존재했었다. 작은 단위로는 한 도시 내에서 구역을 나누어도 각각의 구역을 '무니시빨'이라고 한다.

87) 스페인어 원어는 Obvención

주의나 중앙집권이 무엇인지 알지도 못하면서 싸움을 하였던 것이다. 또한 가난한 백인과 메스띠소들도 돈을 벌기 위하여 끼어 있었다. 따라서 어느 전투에서든지 서로 아는 사람들이 각각 다른 편에서 싸우게 될 여지가 있었다. 무엇보다 처음에는 입장이 다른 두 정치적 세력의 싸움이었고 인종이나 계급 간의 갈등은 아니었다.

살펴본 바와 같이 1847년 당시의 상황을 보면 마야 원주민은 반란을 계획한 적은 없었다. 그들은 라디노들의 정치적인 싸움에 참여할 기회를 얻었고, 그 기회에 자신들을 핍박하였던 라디노들에게 보복할 기회를 가졌던 것이다. 동시에 그들은 반대편의 라디노들을 위하여 일하는 것이기도 하였다. 노흐까깝(Nohcacab)에서 일어났던 사건도 마야 사람들이 착취하던 라디노들을 살해한 사건이지만, 그들은 역시 라디노인 깜뻬체의 감보아(Gamboa) 대령의 명령을 수행하고 있었고, 농장에서 물건을 꺼내어 간 것도 그의 명령이라는 이유를 내세웠다. 그럼에도 불구하고 뜨루헤께는 바땁 아이(Ay)를 처형함으로써 '까스따 전쟁'이 시작되는 계기를 만들었다.

### – 뜨루헤께는 왜 아이를 처형하였을까?

세띠나 대령이 원주민을 모집하자 각 마을의 바땁들은 모여서 의논하고 전쟁에 참여하기로 하였다. 치치밀라(Chichimila)의 바땁 마누엘 안또니오 아이(Manuel Antonio Ay) 띠호수꼬의 바땁, 하신또 빠뜨(Jacinto Pat), 떼뻬츠의 바땁인 쎄씰리오 치(Cecilio Chi)와 보니파시오 노벨로(Bonifacio Novelo)였다. 이들의 모임을 반란을 계획하고 있는 것으로 만든 것은 뜨루헤께 측의 로사도 대령이었다. 아이는 술을 마시다가 치가 보낸 편지를 떨어뜨리고 그 편지는 곧장 로사도에게 갔다. 로사도는 아이를 잡은 다음 날 처형했다. 치는 아이에게 스페인어로 편지를 썼다고 한다.

현재도 마야 사람들은 그들끼리는 마야어로 대화를 한다. 굳이 스페인어로 쓸 이유가 없다. 게다가 치는 스페인어를 읽고 쓰는 것을 몰랐다고 한다. 따라서 편지에 의문점이 많았고 결정적인 단서가 되기 어려웠다. 그럼에도 불구하고 그 다음 날 최대한 신속하게 아이를 처형한 것은 원주민 바땁들이 모인 것, 그 자체를 처단하고자 한 의도라고 볼 수 있다. 아이를 처형한 후 바로 치와 빠뜨를 잡으러 나선 것으로도 추론할 수 있다. 뜨루헤께가 이렇게 반응한 것은 같은 해(1847년) 1월에 있었던 바야돌리드 사건 때문일 것이다. 바야돌리드와 그 주위의 대부분 땅은 연방주의자인 바르바차노 집안의 소유였다. 따라서 바야돌리드는 연방주의자들의 중심지였고, 중앙집권을 원하는 측에서는 무너뜨려야 할 곳이었다. 멕시코 정부의 명령을 받은 깜뻬체 군대는 1846년 뜨루헤께와 바스께스를 선두로 거의 2,000명이 바야돌리드로 진격하였다. 군대의 삼분의 이는 원주민이었는데, 이들은 1847년 1월 13일 시살(Sisal)을 점령하고 바야돌리드로 전진했다. 바야돌리드를 함락시키자 마야 용병들은 백인들을 마구 학살하였다. 라디노 남자들을 마체떼로 난도질을 하였고, 여자들은 가족들이 보는 앞에서 강간하고 손발을 묶어 창문에 매달고 마체떼로 죽였다. 바야돌리드 사건은 까스따 전쟁이 일어난 해 1월에 벌어진 사건이다. 멕시코 중앙정부는 연방주의자의 아성인 바야돌리드(Valladolid)를 무너뜨리려고 한 것이었다. 그러나 바야돌리드의 백인들을 죽이라는 임무를 받은 원주민들은 마음껏 학살을 자행하였다. 이는 정치적 이해와는 전혀 관계없이 식민 시절 동안 가장 보수적이었던 바야돌리드의 라디노들에게 반감을 갖고 있던 원주민의 반응이었다. 즉 백인들 사이의 갈등을 해결하고자 시작한 싸움이 결과적으로 전혀 다른 방향으로 갔다. 연방주의자와 중앙집권주의자

모두가 원주민들로부터 공격을 받게 될까 봐 염려하게 만든 사건이었다. 이 공격에 대하여 바르바차노가 멕시코 정부나 깜뻬체를 비난하기보다는 '인종전쟁이 일어날까'를 염려하는 반응을 보인 것으로 알 수 있다.

바야돌리드 사건은 까스따 전쟁이 일어나기 직전에 있었던 일이다. 뜨루헤께가 바땁 아이를 처형한 것은 연방주의자인 세띠나의 반란보다 원주민들이 라디노들에게 반란을 일으킬 것을 더욱 염려하여 미리 막으려고 과잉반응을 보였다고 할 수 있다. 결과적으로는 이 반응이 인종적 대결구도를 띠는 전쟁으로 불을 댕기게 된 셈이다. 더구나 아이가 처형된 원인을 제공한 세띠나는 아무런 움직임을 보이지 않았고, 뜨루헤께 측에서는 세띠나를 잡는 대신에 같이 모였던 하신또 빠뜨와 세실리오 치를 잡으려고 하였고, 결정적으로 그들의 마을을 불태우고 민간인을 잡는 떼삐츠 사건을 일으켰다. 뜨루헤께가 아이를 살해함으로써 오히려 마야 원주민들이 힘을 합쳐서 반란을 일으킬 수 있는 계기를 제공한 셈이 되었다.

그런데 이 마야 원주민들은 식민지 시절 300년 동안 총을 잡아 본 적도 없고, 조직적인 군대는 더욱 아니었다.

**–마야 원주민은 어떻게 정치적 협상을 할 만큼 대규모로 참여하고 전투에 이겼을까?**

마야 원주민들은 전쟁에 참여할 때 개인적으로 한 것이 아니었다. 이미 본 바와 같이 각각의 마을의 바땁들이 모여서 참여 여부를 결정하고 마을 사람들이 그를 따랐다. 치는 떼삐츠의, 빠뜨는 띠호수꼬, 아이도 치치밀라 마을의 까시께(Cacique), 즉 바땁(Batab)이었다. 그리하여 바땁들은 마을 사람들을 이끌고 전쟁에 참여하기로 결정하였을 뿐만이 아니라 스스로 필요한 것을 준비하였다. 즉 무기를 구입하고, 식량을 조달하였다. 그리고 전쟁이 시작된 지 불과 6~7개월 만에 치(1848년 2월)와 빠뜨(1848년 4월)는 라디노와 협상을 할 만큼 성과를 올렸다.

마을의 지도자를 일컫는 마야어인 바땁(Batab)은 식민지 시대에도 사용되었다. 독립이 되자 이 용어는 사라지고 까시께(cacique)라고 불렸다. 이미 전쟁이 시작되기 이전부터 마야 원주민들을 동원할 수 있었고, 라디노의 우두머리들과 협력을 하기도 하였다. 한 예로 1840년의 투표에서 산띠아고 멘데스는 유까딴의 주지사로 만장일치로 선출되었다. 그러나 부지사의 후보인 미겔 바르바차노는 안또니오 뜨루헤께가 이끄는 중앙집권주의자들의 반대에 부딪혔다. 투표를 하는 순간에 빠뜨는 약 1,000여 명의 원주민들을 이끌고 나타났다. 그들의 투표로 바르바차노는 당선될 수 있었다.

바땁들은 마을의 사람들을 이끄는 영향력과 함께, 상당한 재력가였다는 것을 짐작할 수 있는 사건이 또 있다. 1842년 9월, 몬떼레이(Monterrey, Mexico)가 미국의 군대에 점령당하여 멕시코의 중앙세력이 약해지자 유까딴은 중립을 선언하였다. 그러자 중앙집권주의자인 뜨루헤께는 반란을 선언하고, 세실리오 치와 하신또 빠뜨를 감금하였다. 빠뜨는 당시 500뻬소를 물고 풀려났고, 치는 반란에 동참하는 조건으로 나왔다. 사흘 뒤, 그는 200명의 원주민들과 함께 나타났다. 게다가 띠스까깔꾸뿔(Tixcacalcupul)의 바땁 호세 가스띠요(José Castillo)가 100명을 이끌고 참여하도록 하였다.

인적 및 물적 자원을 동원할 수 있는 바땁의 특수한 상황은 식민지 시대부터 전해 온다. 1521년 스페인이 유까딴을 점령하고 난 뒤, 원래의 마야의 정치체제는 무너졌다. 마야의 지배체제는 종교－정치 일치 체제였다. 아후아깐(Ahuakán)－할라치 위닉(Halach Winik)은 각각 종교, 행정의 최고 통치자였다. 행정에는 할라치 위닉 아래로 군사우두머리인 나꼼(Nacom), 그 아래에 지방 행정의 우두머리인 바땁(Batab)이 있다(Reed 1971, 209). 스페인은 정복하자 아후아깐, 할라치 위닉, 나꼼 등의 종교와 행정의 최고 지배자들의 직위를 없앴다. 대신 스페인 행정기구를 위에 두고 그 아래에 원주민 공화국을 두었다. 그리고 중간의 지위에 있던 바땁을 원주민 공화국의 우두머리로 양 조직의 중간자 역할을 하였다. 종교체제는 가톨릭으로 대치하였다. 바땁은 농촌 마을의 우두머리였다. 그는 자신의 농장을 가지며, 비록 제한적이긴 하지만 원주민 공화국의 각료들과 회의를 하는 공공의 집도 있었다. 흥미로운 점은 바땁이 재판권 및 역법과 농사를 관장하고 전사를 지휘했다는 점이다. 이는 고대 마야사회에서 왕이 하던 일이었다. 중간자였던 바땁이 마야 원주민들에게는 실제로는 최고 지도자, 고대 마야 문명의 할라치 위닉(Halach Winik)의 역할을 했다는 증거이다. 그런데 식민체제에서 원주민 공화국을 둔 이유는 행정의 편리, 세금 및 노동의 착취를 편리하게 하기 위해서였다. 바땁이 스페인을 위해서 한 일은 중간자로서 '세금을 징수하는 것'이었다.

바땁은 중간자로서 식민체제가 인정하는 특권도 가졌지만, 세금을 징수하면서 자신의 수입을 가질 수 있었다. 즉 바땁은 식민지 아래에서도 자신의 왕국을 가지고 그에 걸맞게 물질적으로 풍요하였던 것이다. 그런데 독립을 하면서 공물면제, 개인적 부역 면제, 공직의 우선적 임명이라는 처음 3개 조항의 특권이 사라졌다. 바땁은 점차로 가난해져서 보통 마야 원주민들과 비슷하게 될 것이었다. 이것이 바땁이 모든 계급의 사람들을 자유인으로 인정하고 보편적인 세금을 매기는 헌법[88]을 제시한 멕시고 중앙정부에 반기를 들어 유까딴의 독립을 원하는 바르바차노의 편에 서게 되는 이유였을 것이다.

까스따 전쟁은 외형상으로 백인들의 정치적 싸움에 끼어든 마야 원주민들이 무분별하게 식민지 시절의 억압을 표출한 전쟁처럼 보인다. 불규칙하고, 산발적인 싸움, 지나치게 처절한 싸움의 양상 등이 그 이유이다. 직접 싸움을 한 마야 원주민들이 과격하게 싸움하게 된 이유는 식민지 시절부터 쌓인 인종적인 억압에 대하여 단순히 증오심을 분출할 기회가 왔기 때문일 수도 있다. 그러나 그들을 이끈 바땁들에게는 싸울 이유와 능력

---

88) 1812년의 헌법을 의미한다. 1812년의 헌법에는 "모든 시민세(tributo)와 종교세(obvención), 개인 강제부역(servicio personal obligatorio)을 폐지하고, 원주민이나 끄리오요 및 다른 인종도 모두 시민이며, 무니시빨(municipal)을 만들 수도 있다"는 내용을 담았다.

이 있었다. 따라서 그들은 짧은 시간에 효과적인 전투를 성공적으로 이끌 수 있었던 것이다.

바땁들은 왜 전쟁을 하였을까? 라디노가 기득권의 유지 및 발전, 그리고 마야 사람들은 세금 및 부역 감면의 이익을 바랐다면, 마야의 바땁이 전쟁을 했을 때의 목적은 무엇이었을까? 1848년에 치와 빠뜨가 이룬 협정 8조 중에서 다섯 조항은 개인적 헌신 및 세금에 관한 것이다. 이는 전쟁이 일어났던 직접적인 이유로 모두에게 이익이 되는 부분이었다. 그런데 제7조에서 "장총을 돌려줄 것"을 규정하고 있다. 평화로운 삶을 보호하는 것만이 목적이었다면 마체떼로 충분하였을 텐데, 그들은 총으로 무장한 집단, 즉 라디노에게 군사적으로 대응할 수 있는 집단을 유지하고 싶어 했다. 군사적 집단 유지의 목적은 추까깝 협정의 5조 바르바차노가 주지사를 유지할 것과 6조 빠뜨가 원주민의 수장이 될 것에서 짐작할 수 있다. 빠뜨는 스스로를 메리다 정부의 수장인 바르바차노와 동격으로 놓고 있다. 즉 그는 라디노의 나라와 대등하게 존재할 원주민의 나라를 계획하고 있었던 것으로 보인다. 그것은 세실리오 치도 마찬가지였을 것이다. 뜨루헤께와 바르바차노 등 끄리오요 지휘관들이 두려워한 것은 바로 마야 바땁의 영향력과 바땁들의 집결이었을 것이다. 스페인 사람이 각 마을에 원주민 자치를 위해 심어 놓은 '원주민 공화국'이 식민지 시대에는 잘 운영이 되었다. 라디노들은 마야 사람을 볼 필요가 없었다. 그들은 바땁하고만 잘 지내면 되었던 것이다. 그리고 식민지 시절 동안에 마을과 마을이 횡적으로 연결하지 않도록 하였다. 바땁들은 서로 볼 일이 없으므로 특별한 일이 아니면 함께 모이지도 않았다. 이제 그 바땁들이 뭉친다는 것은 라디노들이 걱정할 만한 일이었다.

까스따 전쟁은 1847년 7월 30일 세실리오 치가 떼삐츠의 라디노들을 몰살시키는 데서부터 잡고 있다. 이때부터 라디노 측은 마야의 바땁과 그를 따르는 사람들을 전쟁의 대상 또는 협상의 대상으로 보았다. 특히 추까깝 협정이 깨어진 이후 전쟁의 상대는 온전히 라디노 대 마야 사람으로 확정되었다. 그러나 실제적으로는 이때에도 유까딴 서부 지역의 마야 사람들의 일부는 정부 측 즉 라디노를 지지하였고, 여전히 라디노의 부대 안에 마야 사람들과 메스띠소가 있었다. 물론 마야 부대 안에도 라디노와 메스띠소가 있었다. 전쟁을 하는 대상이 정확하게 갈라지지 않는 상황은 여전하였던 것이다. 이는 실질적으로는 용병으로 시작한 전쟁이기 때문이며, 또 전쟁이 시작된 이유가 경제에서 비롯된 정치적 문제에 바탕을 두었기 때문이다.

그러나 까스따 전쟁의 시작을 정치적 성격의 이만의 반란이나 마야 원주민들의 분노를 표출하는 바야돌리드 사건에서 잡지 않고, 아이를 처형한 뜨루헤께의 억압에 반대하여 일어선 7월의 떼삐츠 사건으로 본다는 것은 이 전쟁의 성격을 어떻게 규정할 것인가를 본 사람들의 시각이 반영되어 있다. 이 사건은 마야 원주민 대 라디노의 '전쟁'으로 볼 때 의미가 있다고 보는 것이다.


그런데, 마야 원주민들의 놀라운 승리는 그리 오래가지 못했다. 추까깝 협정으로 해서 치와 빠뜨의 사이가 나빠졌으며, 승리의 절정에서 갑자기 마야의 전사들은 옥수수를 심기 위해 집으로 향한 것이다. 이것은 까스따 전쟁에서 가장 이해하기 어려운 부분이다.

### -1848년의 우기에 집으로 돌아간 이유가 무엇일까?

추까깝 협정은 1848년 4월 18일에 이루어졌다. 세실리오 치는 곧 이 협정에서 하신또 빠뜨가 마야 사람 전체의 우두머리가 된다는 사실을 알고 협정을 파기하였다. 두 사람은 각각의 길을 갔지만, 전쟁은 계속되었고 마야 사람들은 승리를 거듭하여 반도의 동부를 장악하고, 메리다를 중심으로 한 서북부만을 남겨 놓고 있었다. 그런데 결코 선명하게 설명될 수 없는 이유로, 승리의 직전에서 마야 사람들은 메리다와 깜뻬체로 진격하는 것을 멈추었다. 라디노의 병졸들은 각 마을에서 저항할 준비를 하고 있었지만 마야 사람들은 오지 않았다. 7월이 되어 비가 시작되자 그들은 점령한 지역에서 싸움을 계속하는 것을 그만두고 그들의 마을로 씨를 뿌리러 돌아가기 시작한 것이다. 8월에는 대부분이 빠져나갔다. 그들을 이끄는 바땁들이 말렸지만 아무 소용이 없었다. 그들은 복수보다는 자신들의 풍습과 전통적인 의례를 지키는 것이 더 중요하다고 했다. 1848년의 6~7월 사이에 바땁들이 쓴 편지는 없었다. 병사가 없어 바땁들도 싸움을 계속할 수 없었기 때문이다.

그러나 마야 사람들이 자신들의 마을로 돌아간 것이 옥수수를 심어야 한다는 것이 유일한 이유는 아니었다. 전해 오는 말에 의하면, 지도자들이 자신들의 사람들에게 권위를 잃었다는 것이다. 추까깝 협정이 파기되는 과정에서 치가 반응한 것처럼 승리가 가까이 오자 마야 사람들 사이에 새로운 정부를 어떻게 세울지, 누가 높은 권리를 차지할지, 그들 사이에도 의견이 분분했을 것이다. 라디노들 또는 후세의 사람들에게는 세실리오 치가 거칠고 인품이 좋지 않다는 인상을 준다. 그래서 마야 사람들의 통합이 이루어지지 않았다고 보는 경향이 많다.

빠뜨의 경우는 마야 원주민보다 오히려 라디노들과 통하는 점이 더 많았다. 그는 '원주민 공화국'의 우두머리로서 정치적 권력을 향유했고, 장원의 주인으로 규범적인 사람이었다. 반란이 시작하기 전에는 미겔 바르바차노와 호세 까누또 벨라(José Canuto Vela) 신부의 친구였다. 그는 마야어로 아주 아름다운 글과 글씨를 쓰는 등 교육을 받은 사람이었다. 띠호수꼬의 마야 사람들뿐만이 아니라 라디노들도 빠뜨는 존경했다. 그는 불한당이 아니었고, 백인을 적대하지 않았고, 과격하지 않았다. 그는 마야 원주민의 지도자이며, 스스로 마야 원주민이라고 하였지만, 학자들은 메스띠소였을 가능성이 크다고 본다. 그러나 그가 메스띠소였다 할지라도 그는 마야어로 말하고 글을 썼으며, 대부분의 라디노와 원주민은 그가 '원주민'이라고 생각했다. 메스띠소라고 주장한 역사가는 그가 "마야 원주민이기에는 너무 교양이 있었다"고 했다.

같은 역사가가 치에 대해서는 전혀 다르게 말한다.

> "치는 순 마야 혈통이며, 믿을 수 없이 대담하고, 강직했다. 그는 가난했고, 땅이 없어 일을 하지 않고 도둑질이나 칼을 사용해서 살았다. 그는 가족들을 위해서 항상 옥수수가 모자랐으므로, 동지들과 함께 망을 보며 밀빠를 털었다."

그러나 이것은 사실이 아니다. 치도, 빠뜨의 것만큼 크지는 않았으나, 농장을 갖고 있었고, 이웃의 밀빠를 도둑질할 만큼 가난하지 않았다.

어쨌거나, 두 사람의 성격이 대단히 달라서 화합하기 어려웠을 것이다. 그들은 각각 바땁으로서 권위를 지니고 있었고, 까스따 전쟁을 전후하여 그 위상을 넓혔다. 그러나 빠뜨와 치, 그 누구도 마야 원주민 나라의 최고의 우두머리가 되기에는 미흡했다. 마야 세계의 최고의 지도자는 신성을 포함하여야 한다. '거룩한 피'를 가진 자만이 될 수 있는 것이다. 그것이 마야 사람들이 생각하는 방식이었다. 마야 사람들은 그 누구도 따르지 않고 고향으로 돌아갔다.

다른 한편, 전쟁의 와중에 유까딴 정부는 멕시코 중앙정부의 새 헌법을 받아들였다. 종교세를 전면적으로 폐지하고 장원에 묶여 있게 되는 뻬온(peon, 일꾼이라는 뜻)제도를 폐지하자 자유로워진 북서쪽의 마야 사람들은 동쪽의 마야 반란군들에게 더 이상 협조적이지 않았다. 그들은 이미 라디노들과 사는 생활에 익숙했던 것이다. 반란군은 라디노뿐만이 아니고 북서쪽의 마야 사람들과도 싸워야 했다. 한 예로, 우이(Huhi) 마을은 반란군에게 항복하지 않았다. 우이에 남아 있던 라디노는 숫자가 매우 적었다.

만약 이 마을의 마야 사람들이 반란군과 합세하였다면 우이 마을은 버티지 못하였을 것이다. 그러나 그들은 반란군들에게 협조를 하지 않았고, 동쪽의 반란군들은 마을을 요새화하여 버티는 우이의 라디노들을 괴멸시킬 수 없었다.

이렇게 마야 사람들은 승리의 순간에 오히려 각자의 이해가 상반되어 분열되었다.

추까깝 협정이 깨어지고, 까스따 전쟁은 새로운 방향으로 나갔다. 원주민들이 이길 동안은 그들의 목적을 이루기 위해 군사적인 전략에 의지했다. 그러나 상황이 바뀌자, 군사적 작전은 라디노를 이기기에 효과적이지 못했다. 마야 세계의 최고의 지도자는 신성을 포함하여야 한다. '거룩한 피'를 가진 자만이 될 수 있는 것이다. 그것이 마야 사람들이 생각하는 방식이었다. 결국 그 누구도 최고의 우두머리가 되지 못하고 치와 빠뜨는 자신들의 사람에 의하여 살해되었다. '거룩한 피'를 상징할 수 있는 초자연적인 구심점만이 마야 사람들을 통합하고 과거의 승리를 다시 불러올 수 있게 할 것이었다. 이때 나타난 것이 세노떼에서 발견한 '작은 십자가'였다.

– '말하는 십자가'가 나타난 의미가 무엇인가?

전쟁은 상당히 빠르게 진전되었다. 1847년 7월 발발하여 1848년 2월, 그리고 4월에 라디노 정부는 마야의 바땁들과 협정을 맺었다. 세실리오 치와 미겔 볼리오 사이에 맺은 2월의 협정과 하신또 빠뜨와 바르바차노가 추까깝에서 맺은 협정의 내용은 유사한 것으로 원주민이 원했던 대부분이 들어 있었다. 협정을 맺은 줄 모르고 찬세노떼에서 라디노들이 여자와 아이들을 학살하지 않았더라면, 빠뜨가 마야 원주민들의 수장이 된다는 조건이 없었더라면, 전쟁은 1848년에 끝나고, 원주민들은 자신들의 권리를 조금 더 일찍 보장받고, 평화로의 길을 갈 수 있었을지도 모른다.

그러나 협상이 깨어지자 상황은 전혀 달라졌다. 1848년 8월 17일 바르바차노는 유까딴이 다시 멕시코의 한 부분이라고 선언하였다. 이제는 연방주의자와 중앙집권주의자의 싸움이 아니었다. 멕시코 중앙정부와 바르바차노의 유까딴 정부는 협조하여 마야 바땁이 이끄는 마야 사람들과 전쟁을 하였다. 그러나 마야 사람들은 오히려 나누어졌다. 치와 빠뜨의 긴밀한 협조는 사라지고 마야 사람들은 각각의 마을 바땁을 중심으로 자신들의 마을을 싸고 있는 숲에서 싸웠다. 게다가 유까딴 반도의 서쪽, 메리다 주위에 사는 마야 사람들은 중앙집권 쪽의 바땁 또는 연방주의 쪽의 바땁에 따라, 다른 마야 사람들과 싸웠다.89) 전쟁은 처절한 양상을 이루었다. 정부 측이 한 마을을 휩쓸고 가면서 학살을 하면, 마야 사람 쪽에서 다른 마을을 휩쓸며 학살을 하였다. 마야 사람들은 모든 곳에서 일어났지만 작전도 없었고, 전진도 후퇴도 없었다. 라디노들은 숲 속에서 불쑥불쑥 나타나는 마야 사람들과 개별적인 전투에서는 밀렸지만, 그들은 메리다와 멕시코 정부에서 계속 원군과 화력을 지원받았다. 그사이에 치와 빠뜨 바땁들이 죽었다. 그들의 부관들이었던 뼥(Venancio Pec), 찬(Florentino Chan) 및 바레라(José María Barrera)가 마야 원주민을 이끌었다. 그렇지만 그들은 바땁이 갖고 있던 권위는 없었다. 그들이 원주민들이 아니고 메스띠소로서 바땁의 지위를 세습할 수 없었기 때문일 것이다.90) 그 권위를 '말하는 십자가'에서 찾았다. '말하는 십자가'는 기술적으로 조작된 것이다. 어쩌면 세노떼에서 십자가가 나타났다는 사실도 조작된 것인지도 모른다. 그러나 십자가는 마야 사람들이 성스럽게 생각하는 장소91)에서 나타났고, 마야 사람들이 할 일에 대해 직접적으로 말하였다. 마야 사람들은 바레라

---

89) 유까딴의 수도인 메리다가 있는 서부는 대부분의 마야 사람들이 장원에서 일하는 노동자였다. 그들은 반도의 동쪽에서 자신의 경작지를 가꾸는 마야 사람들에 비해 훨씬 더 백인의 사회체제에 익숙했다.

90) 바땁의 지위는 세습되었다.

91) 세노떼는 지상에서 물이 흐르는 곳이 없는 유까딴 반도에서 물을 얻을 수 있는 유일한 곳이다. 모든 세노떼에는 의례의 흔적이 발견된다.

를 따른 것이 아니라, 바레라에게 지시하고 있는 상위의 권위를 따른 것이었다. 흥미로운 점은 이때부터 다른 지도자들은 사라지고, '말하는 십자가'를 중심으로 마야 사람들이 모두 모여 하나의 조직을 이룬 것이다. 이 조직은 고대 마야 사회와 매우 유사하다. 즉 종교적인 최고의 우두머리인 따띠츠(Tatich)는 마야의 왕이었던 할라치 우이닉(Halach Winic)이고 그 아래에 따르는 사람들이 있다. 따띠츠는 군사적 우두머리보다 훨씬 권위가 있었다. 이것이 마침내 스페인 정복 이후의 유일한 원주민 사회, 50여 년 간 계속되었고, 현재도 유지하고 있는 체제이다.

따라서 식민지 시대를 청산하고 마야 사람들만의 세계를 원하던 반란군들의 열망은 '말하는 십자가'가 나타나서야 비로소 이루어졌다. '말하는 십자가'는 바땁이었던 빠뜨의 권위와 위상을 지니지 못하였던 메스띠소 호세 마리아 바레라가 마야 사람들을 이끌기 위한 궁여지책으로 생각해 내었던 것일지도 모른다. 그러나 십자가의 신성함은 마야 사람들이 기억하고 있는 신성한 존재, 할라치 우이닉을 대신할 수 있었다. 그리하여 '말하는 십자가'는 원주민 나라를 이끌 수 있었고, 전혀 말을 하지 않는 오늘날에조차도 마야 사람들의 경배를 받는 이유일 것이다.

### – 끄루스옵(Cruzob, 십자가의 사람들) 나라의 성립과 의의

중미의 5개국을 포함하는 이뚜르비데 시절의 멕시코 지도를 보면(Pazos 1993, 80), 독립 당시에 멕시코는 과달라하라 및 멕시코 부왕령 전체와 과테말라까지 흡수하여 나라를 세울 욕심이 있었다. 그러나 각 지역마다 다른 이해관계가 있었으므로 분열과 전쟁은 필연적이었다. 그중에서도 복잡했던 것이 유까딴의 문제였다. 독립 당시에 유까딴과 깜뻬체는 한 지역으로 구분되어 있었으나, 열대 스텝 지대를 이루는 유까딴은 목축이 주산업으로 쿠바를 통하여 스페인과 교역하였고, 열대우림이 대부분을 이루는 깜뻬체는 교역의 중간 항구로서 멕시코와 관계가 깊어서 생존의 조건이 완전히 달랐다. 독립 후 분쟁이 시작한 지 얼마 안 가서 깜뻬체는 멕시코의 한 주가 되기를 바랐다. 그러나 유까딴의 사정은 달랐다. 유까딴의 중심인 메리다에도 역시 의견이 다른 두 파가 있었으나 오히려 연방주의자의 세력이 더 컸다. 정치적 세력이 충돌하는 사이에 까스따 전쟁이 일어났다. 메리다의 연방주의자들과 마야 원주민들과 사이에 이루어진 추까깝 협정이 제대로 이행되어서 까스따 전쟁이 계속되지 않았다면, 유까딴은 따로 독립했을지도 모른다. 그러나 마야 원주민과의 전쟁이 계속되자 메리다 정부는 반란을 진압하기 위하여 멕시코 정부의 도움이 필요해졌다. 그들은 멕시코의 한 주가 되는 것으로 방향을 바꾸었다. 즉 멕시코 중앙정부로서는 마야 원주민과의 전쟁 덕분에 현재의 유까딴 주를 손쉽게 포함시킬 수 있었다. 그러나 그때까지도 유까딴이 지배하고 있는 지역은 반도의 북부와 서쪽뿐이었다.

반도 중앙부와 동편은 두 원주민 그룹, '남쪽의 평화주의자'와 '동쪽의 무서운 자'들이 점령하고 있었다. 두 마야 원주민 그룹 또한 삶의 조건이 달랐다. '남쪽의 평화주의자(Sublevados Pacíficos del Sur)'들은 원래의 자신들의 마을로 돌아왔기 때문에 자신들의 주위환경에서 얻은 것으로 평화롭게 살아가기를 원했다. 그들은 유까딴 및 멕시코 정부와 평화 협정을 맺어, 중앙정부에 속하나 자주적으로 사는 쪽을 택했다.

그러나 '동쪽의 무서운 자(Sublevados Barvas del Oriente)', 끄루스옵(Cruzob)은 달랐다. 그들은 유까딴 반도 북서부에서 식민지 시절 내내 핍박을 받고 살았던 사람들이 마지막으로 밀린 곳에서 마을을 이루어 살게 된 사람들이었다. 그들에게 백인들과의 평화는 없었다. 따라서 유까딴의 백인들과 평화를 이루고 자신들의 삶을 고수하려는 '남쪽의 평화주의자'들은 그들에게는 배신자들이었고, 공격의 대상이었다. 대신에 벨리즈와는 잘 지냈는데, 끄루스옵은 벨리즈를 통하여 전쟁을 계속할 무기를 구입하였기 때문이다.

이까이체를 비롯한 '남쪽의 평화주의자'들은 벨리즈와도 반목하였는데, 그들의 입장에서는 벨리즈가 그들의 삶에 피해를 주고 있었다. 현재 멕시코와 국경을 이루는 온도 강(río Hondo)과 누에보 강(río Nuevo) 주위의 벨리즈 지역에는 불법으로 벌목하던 영국 사람들이 주저앉아 살면서 이루어진 마을이 있었다. 그들은 물감 나무, 까오바 나무, 치끌레 나무 등 '남쪽의 평화주의자'들의 생업이 되는 나무를 벌목하여 왔다. '남쪽의 평화주의자'들은 그들로부터 사용료를 받으려고 했고, 이를 거절하자 전쟁을 주저하지 않았다. 특히 이까이체의 지도자 까눌은 개인적으로도 이 벌목회사와 반목이 있었다. 즉 '남쪽의 평화주의자'들이 굳이 끄루스옵을 반대하고 유까딴을 돕기 위해서 벨리즈와 싸우기 시작한 것은 아니었다. 끄루스옵이 자신들이 살기 위하여 벨리즈로부터 무기와 탄약을 얻기 위하여 동맹하였다면, '남쪽의 평화주의자'들도 자신들의 생존을 위해서 싸웠던 것이다.

　유까딴 정부는 벨리즈의 도움이 필요했다. 벨리즈가 끄루스옵에게 무기를 파는 한 그들을 무너뜨릴 수가 없다고 판단했기 때문일 것이다. '남쪽의 평화주의자'들은 유까딴의 도움을 얻기 위하여 그들의 요구에 따라 벨리즈와의 싸움을 중지하였다. 다른 한편, 유까딴 정부는 끄루스옵 반란군들을 물리치기 위하여, 1887년 마리스칼이 제안했던 국경, '온도 강 이남의 땅에 영국의 주권'을 1893년에 마침내 인정하게 되었다. '남쪽의 평화주의자' 및 벨리즈와 동맹을 맺어 서쪽과 남쪽의 배후를 튼튼히 하고도, 멕시코와 유까딴 정부가 끄루스옵을 정벌하기 위해 하는 행동은 국가 간의 거대한 전투를 방불케 한다. 유까딴은 의회를 소집하여 전쟁비용을 의결하고, 전화선을 깔아 연락망을 확충하고, 철로를 깔아서 물자를 대고, 도로를 깔아서 군대의 이동을 용이하게 하였다. 몇 개의 연대가 동원되고, 지휘자는 전국에서 뽑은 장군들이었다. 그러나 용의주도하게 준비된 이 군대가 1902년에 찬 산따 끄루스의 성소에 도착했을 때 도시는 이미 버려져 있었다.

멕시코는 끄루스옵을 무너뜨림으로써 이들이 지배하던 현재의 낀따나로 주의 땅을 확보하였다. 그리고 '남쪽의 평화주의자'가 머무는 지역과 이까이체도 평정할 수 있었다. 그러나 동시에 끄루스옵을 무너뜨리기 위해 자신들이 주권을 주장하던 벨리즈의 땅은 영구히 잃어버렸다. 끄루스옵이 무너지면서 마침내 벨리즈와 멕시코 사이에는 현재의 국경이 나타났다.

끄루스옵이 무너진 것은 유까딴과 멕시코 정부군의 군사력 때문이 아니라, 스스로 살 수 있는 조건을 키우지 않았기 때문이었다. 끄루스옵은 반란의 결과로 이루어진 '찬 산따 끄루스'를 마야 원주민들의 나라로 키우는 시도를 하지 못했다. 오히려 동료였던 '남쪽의 평화주의자'들을 적으로 돌려 고립을 자초하였고, 그리고 벨리즈를 통하여 구입하는 무기에만 의존하여 자신들의 땅을 지키려고 하여 한계에 도달했다. 그런데 끄루스옵이 무너지고 나서도 유까딴 반도의 중부 및 동부가 완전히 평정되어 유까딴, 깜뻬체, 낀따나로 주의 경계가 명확해지고, 낀따나로가 독립된 주로 선언된 것은 70년 후인 1974년 10월이었다. 즉 이 공간은 그때까지도 흩어진 마야 원주민들의 땅이었고, 정부의 행정력이 온전히 미치지 못하였던 것이다.

유까딴의 까스따 전쟁은 독립 당시의 정치·경제적 문제, 식민지 시절부터 내려오는 사회 계급적 분열, 원주민 문화와 인권의 문제를 포함하는 총체적인 사회문제가 뒤엉켜 폭발한 사건이었다. 수많은 사건에서 다양한 사람들이 등장하여 제각각의 입장에서 감정을 표출하였다. 그들은 잠시 화해도 하고, 평화를 누리기도 하였다. 그리고 시간과 함께 전쟁을 시작했던 사람들도, 그 안에서 격렬하게 싸웠던 사람들도 하나씩 사라졌다. 그러나 아직 전쟁의 상흔은 지워지지 않고, 마야원주민들은 경제적으로나 문화적으로 자신들의 것을 향유하지 못하고 있다. 멕시코 역사상 가장 오래 시간을 끌었지만 아직도 그 전쟁은 현재진행형인 것 같다.

# 참고문헌

카리에르&장 클로드 지음, 이세욱 옮김(1999), 『바야돌리드 논쟁』, 서울: 샘터사.

민만식 · 강석영 · 최영수(1993), 『중남미사 - 중남미 근 현대 정치사』, 민음사.

정혜주(2011), "유까딴 까스따 전쟁의 사회적 의의", pp.129~153, 『라틴아메리카 연구』, Vol.24, No.1. 한국라틴아메리카학회.

_____, "까스따전쟁 사이에 이루어진 국경: 끄루스옵이 국경형성에 미친 영향" pp. 255-286 「이베로 아메리카」 13권, 1호 부산외국어대학교 중남미지역원

Bardolome, Miguel Alberto(1986), "La Estratificación étinica en Yucatán como antecedente de la Guerra de Castas", Boletin E.C.A.U.D.Y. Vol.13. No.76. pp.3~13.

Benavides, Castillo, M. de la Garza, E. Matos Moctezuma, L. Staines Cicero(1998), Los últimos reinos Mayas, Jaca Book, CONACULTA, México.

Berzunza Pinto, Ramón(1997), Guerra Social en Yucatán, México, Maldonado editores, Gobierno del Estado Secretaria de Educación.

Bricker, Victoria Reifler(1993). EL Cristo Indigena, El Rey Nativo, México Fondo de Cultura Económica. 1981 영어본 첫 출판.

Careaga Viliesid, Lorena(1990), Quintana Roo: Una historia compartida, Instituto de Investigaciones Dr. José María Luis Mora, México D.F.

Chávez Gómez, Jose Manuel A.(2006). "La recreación del antiguo espacio político. Un cuchcabal kejache y el na'al kejache Chan en el siglo XVII" in Okoshi(eds.) Nuevas Perspectivas sobre la geografia política de los mayas. pp.57~80.

De Castre, Inés(2006), "Cantones y Comandantes: Aspectos políticos de los Pacíficos del Sur durante la Guerra de Castas de Yucatan", en Los Mayas de Ayer y Hoy, pp.923~936, Alfredo Barrera Rubio y Ruth Gubler, eds. UADY, CONACULTA, centro INAH de Yucatan, Mérida.

Dumond, Don E.(2005), El Mache y la Cruz: La sublevación de campesinos de Yucatán, México, Instituto de Investigaciones Filológicas, UNAM. 첫판 1997, University of Nebraska Press.

Ferrer Muñoz, Manuel(2004), "La coyuntura de la independencia en Yucatan, 1810~1821, pp.343~394, La Independencia en el Sur de México, coord. Ana Carolina Ibarra,

IIH, UNAM.

Grube, Nikolai, et. al.(2001), Maya: Divine Kings of the Rain Forest, Könnemann, Germany.

Guémez Pineda, Arturo(1997), "La Rebelión de Nohcacab, Prefacio Inédito de la Guerra de Castas", SAASTUN, Año 0. No.2. pp.51~9, Revista de Cultura Maya, México.

Hernández Chávez, Alicia 지음, Andy Klatt 역(2006), Mexico; A Brief History, University of California Press, Berkeley, Los Angeles, London.

Laporte, Marie(1997), Los Mayas Rebeldes de Yucatán, Maldonado editores, Mérida, Yucatán.

Meyer, Michael C., William H. Beezley(2000), The Oxford history of Mexico, Oxford University Press, New York.

Pasos, Luis(1993), Historia Sinóptica de México: De los Olmecas a Fox, México DIANA editorial. México.

Polushin, Michael A.(2004), "Por la Patria, el Estado y la Religión": la expulsión del intendente accidente de Ciudad Real, Chiapas(1809), La Independencia en el Sur de México, coord. Ana Carolina Ibarra, IIH, pp.291~317, UNAM, México.

Pool Jimenez, Moreno(1997), Historia oral de la Guerra de Castas 1847: Segun los viejos descendientes Mayas, Universidad Autónoma de Yucatan.

Reed, Nelson(2002), La Guerra de Castas de Yucatán, Mexico, Ediciones Era, S.A. de C.V., 1964 영어본 첫 출판.

Rugeley, Terry(1996), Yucatan's Maya Peasantry and the Origin's of he Caste War, Austin, University of Texas Press.

_____(1997), "Tihosuco 1800~1847: La Sociedad Municipal y la génesis de la Guerra de Castas", SAASTUN, Año 0. No.1. pp.17~62.

Sánchez Córdova, Humberto, Lilia Romo, Rosa Parcelo, and Laura de la Torre(2008), Historia de México I: Un enfoque constructiva. PEARSON educación.

Suárez Juan, Justo sierra O'Reilly(2002), La Guetta de Castas, cien de México.

Sulliban, Paul(1991), Conversaciones inconclusas: Mayas y Extrajeros entre dos guerras, Gedisa editorial, México.

Stephens, John L.(1988), Incidents of Travel in Yucatan, Panorama Editorial, Méxoco.

Sweeney, Lean(2006), La Supervivencia de los Bandidos: los mayas icaichés y la política fronteriza del sureste de la península de Yucatán, 1847~1904, Cooerdinación de Humanidades unidad académica de Ciencias Sociales Humanidades, UNAM, Mé rida, México.

# ▌일러두기

- 마야어의 발음은 한글표기법에 준하여 원어에 가장 가깝게 썼다. 영어 및 스페인어는 이미 알려진 발음을 따랐고, 다만 고유명사는 원래의 발음에 가깝도록 썼다.
- 스페인어 이름은 매우 길다. 따라서 한글로는 대부분의 경우에 성만 쓰고 전체 이름은 괄호 안에 알파벳으로 표기하였다.
- 참조된 문헌에서 차용된 특별한 용어는 번역을 하고 각주로 원어를 밝혔다, 예를 들어 본문: '동네 모임', 각주: 스페인어 원어 'cofradia (꼬프라디아)'.
- 같은 것을 지칭하지만 여러 가지 용어로 쓰인 것은 한가지로 통일하였다.
- 끄리오요(criollo), 외국인(Dzul), 라디노(ladino)는 모두 식민지 시절의 백인 지배계급을 지칭하는 용어이다. 본문에서는 모두 '라디노'로 통일하였다.
- 까시께(cacique), 바땁(Batab)은 지방호족을 일컫는 말이다. 본문에서는 마야원주민의 지방호족을 지칭하는 말인 바땁으로 통일하였다.
- 인디오(indio), 인디헤나(indigena), 마야사람, 모두 마야원주민을 부르는 말이다. 본문에서는 마야원주민으로 통일하였다.

정혜주 ─────

부산외국어대학교 중남미지역원 HK연구교수.
멕시코국립대학(Universidad Autonema de Mexico)에서 치첸 이쯔아의 마야 문명 고전기에서 후기고
전기로의 변천상황에 대한 연구로 박사학위 받았다.
전공은 마야토기분석 및 연대측정이다. 마야 사람들이 남긴 '물건'에만 집중하였던 관심을 그것을
만든 사람들의 생각과 생활로, 조금씩 영역을 넓혀 가고 있다.
저서로는 『세계의 영웅신화』, 『멕시코시티』, 『여정의 두루마리』, 『중앙아메리카, 치아빠스와 유까
딴 여행에서 있었던 일』 등이 있다.

유까딴 1847~1902

초판인쇄 | 2011년 7월 25일
초판발행 | 2011년 7월 25일

지 은 이 | 정혜주
펴 낸 이 | 채종준
펴 낸 곳 | 한국학술정보㈜
주    소 | 경기도 파주시 문발동 파주출판문화정보산업단지 513-5
전    화 | 031) 908-3181(대표)
팩    스 | 031) 908-3189
홈페이지 | http://ebook.kstudy.com
E-mail | 출판사업부 publish@kstudy.com
등    록 | 제일산-115호(2000. 6. 19)

ISBN    978-89-268-2450-4 93950 (Paper Book)
        978-89-268-2451-1 98950 (e-Book)

이담
books 는 한국학술정보(주)의 지식실용서 브랜드입니다.